中等职业教育改革创新示范教材

Gonglu Gongcheng Xianchang Jiance Jishu

公路工程现场检测技术

（第3版）

钱　进　主　编

李国芬　主　审

人民交通出版社股份有限公司

北　京

内 容 提 要

本书是中等职业教育改革创新示范教材。全书主要内容包括:绪论、现场抽样及试验检测数据处理、路基路面几何尺寸及路面结构层厚度检测、路基路面压实度检测、路基路面平整度检测、路面抗滑性能检测、路基路面回弹弯沉检测、沥青路面渗水系数检测、水泥混凝土质量检测,共9个单元。

本书可作为全国中等职业院校、技工学校道路与桥梁工程施工、公路养护与管理专业及路桥类相关专业的教学用书,也可作为行业从业人员培训教材或参考用书。

本书配套教学课件及电子教案,教师可通过加入职教路桥教学研讨群(QQ561416324)获取。

图书在版编目(CIP)数据

公路工程现场检测技术/钱进主编. —3 版. —北京:人民交通出版社股份有限公司,2023.10 (2025.7重印)

ISBN 978-7-114-18542-7

Ⅰ.①公… Ⅱ.①钱… Ⅲ.①道路工程—工程质量—测试技术—中等专业学校—教材 Ⅳ.①U415.12

中国版本图书馆 CIP 数据核字(2022)第 257412 号

中等职业教育改革创新示范教材

书　　名:公路工程现场检测技术(第3版)

著 作 者:钱 进

责任编辑:刘 倩

责任校对:孙国靖　卢 弦

责任印制:张 凯

出版发行:人民交通出版社股份有限公司

地　　址:(100011)北京市朝阳区安定门外外馆斜街3号

网　　址:http://www.ccpcl.com.cn

销售电话:(010)85285911

总 经 销:人民交通出版社股份有限公司发行部

经　　销:各地新华书店

印　　刷:北京市密东印刷有限公司

开　　本:880×1230　1/16

印　　张:9

字　　数:202 千

版　　次:2011 年 4 月　第 1 版

2014 年 1 月　第 2 版

2023 年 10 月　第 3 版

印　　次:2025 年 7 月　第 3 版　第 3 次印刷　总第 14 次印刷

书　　号:ISBN 978-7-114-18542-7

定　　价:32.00 元

(有印刷、装订质量问题的图书,由本公司负责调换)

第3版前言

本书根据目前中等职业教育多样化发展新思路,满足中职学生技术技能学习需求,按照教育部中等职业教育国家规划教材编写的指导思想和有关原则进行编写。

本书以实践为导向,以应用为主旨,以学生为中心,紧密结合工程实践中具体实例,通过检测技术基本知识点的学习和操作技能的训练,着力培养学生解决工程实际问题的能力。

本书重点突出"技能训练"的要求,体现了以下特色:

(1)根据公路水运工程试验检测专业技术人员职业资格必备的基本知识与技能要求进行编写,教材内容设计以解决学生就业上岗可能遇到的实际问题为主,具有较强的实用性和操作性。

(2)内容精炼、简明实用、图文并茂,以图示的方式直观反映每个操作步骤,浅显易懂、直观明了,方便教师指导、学生自学。引用例题较多,并编制了检测工作中的注意事项,便于学生对所学知识消化吸收,也便于工程技术人员自学。为激发学生的学习兴趣,开阔视野、拓宽知识面,本书各模块中间插入了想一想、问一问等设计,使内容生动有趣。

(3)编写力求体现先进性、通用性、实用性,按最新的试验规范和规程进行编写,并将专业新技术、新设备、新材料等融入教材内容,使教材更贴近本专业的发展和实际需要。

(4)编写中注重锻炼学生自主学习、合作学习的能力,着眼于提升学生爱岗敬业、动手能力、合作能力等综合素质;对教师的教学水平提出更高的要求,有针对部分内容的个性化教学版块,适合采用理实一体化的授课方式,做中学、做中教,教学做合一。

本书编写分工如下:江苏省交通技师学院(江苏森淼工程质量检测有限公司)钱进编写模块1~模块7;江苏省交通技师学院(江苏森淼工程质量检测有限公司)王冠编写模块8、模块9。全书由钱进担任主编,南京林业大学李国芬担任主审。本书编审人员均长期从事工程实践工作,并有丰富的教学经验和培训经验。

由于编者水平有限,书中不足之处,敬请读者批评指正。

编　者
2023 年 7 月

目录

模块 1
绪论

学习目标

1. 了解试验检测的目的和意义；
2. 了解试验检测人员要求；
3. 熟悉公路工程质量检验与评定依据；
4. 能描述公路工程质量评定方法；
5. 能对公路工程质量进行评定。

学习任务

依据公路工程质量评定方法，按照评定步骤，对公路工程质量进行检验并进行等级评定。

学习指南

《公路工程质量检验评定标准 第一册 土建工程》（JTG F80/1—2017）是公路工程建设中必须严格执行的重要技术标准之一，对于加强工程技术管理和质量监控起到了重要作用。该标准是公路工程施工质量的最低限值标准，公路工程施工质量检验评定应以此标准为准，即执行该标准有其强制性和刚性要求。

进行公路工程质量评定，首先要对工程质量进行检验。对建设项目进行评定必须按照分项工程、分部工程、单位工程、合同段和建设项目的顺序逐级计算，最终得出建设项目评定等级。

本模块基于公路工程质量检验和评定的工作过程编写，学生应沿着如下流程进行学习：

认知试验检测的目的和意义 → 了解试验检测人员要求 →

熟悉公路工程质量检验与评定依据 → 掌握公路工程质量评定方法 →

完成公路工程质量检验和等级评定 → 工程质量评定案例

单元 1.1　概　　述

一、试验检测的目的和意义

在公路建设中，为了加强公路工程施工质量管理，工程建设实行"政府监督、社会监理和企业自检"的质量保证体系,而各级质量监督部门、建设监理机构以及承担施工任务的企业,其控制质量的主要手段,则是依据国家和交通运输部颁布的有关法规、技术标准、规范和规程进行各类试验检测,以确保监督、监理和自检工作的有效实施。

工程试验检测工作是公路工程施工技术管理中的一个重要组成部分,也是施工质量控制和竣工验收评定工作中不可缺少的一个主要环节。通过试验检测能充分地利用当地的原材料,迅速推广应用新材料、新技术和新工艺;能用定量的方法科学地评定各种材料和构件的质量;能合理地控制并科学地评定工程质量。因此,工程试验检测工作对于提高工程质量、加快工程进度、降低工程造价、推动公路工程施工技术进步,起到极为重要的作用。公路工程试验检测技术是一门正在发展的新兴学科,它融试验检测基本理论和测试操作技能及公路工程相关学科基础知识于一体,是工程设计、质量控制、质量验收评定、养护管理决策、技术状况评价及事故调查、投诉处理等的主要依据。

作为工程试验检测人员或质量控制管理人员,在整个施工期间应领会设计文件,依据相应的施工技术规范和试验检测规程,严格做好公路工程材料质量、施工控制参数、现场施工过程质量和分部分项工程验收四个关键环节的把关工作,真正为公路建设提供科学依据。

二、对试验检测人员的要求

为确保检测工作质量,试验检测人员应认真履行岗位职责,并根据以下要求,做好本职工作,努力提高自己的业务能力。

(1)试验检测人员应取得公路水运工程试验检测专业技术人员职业资格(职业资格分为试验检测师和助理试验检测师两级)证书方可上岗操作。检测人员不得以试验检测师或助理试验检测师名义同时受聘或登记于两个及两个以上单位。检测人员应当严守职业道德,严格按照标准、规范和规程等开展试验检测工作,对试验检测数据报告的合法性、真实性、准确性负责。

(2)在操作过程中应熟悉检测任务、检测内容与检测项目;合理选择检测仪器,熟悉仪器的性能;对检测仪器进行日常保养。

(3)试验检测人员应掌握所从事检测项目的技术标准、技术规范与技术规程,了解本领域国内外测试技术、检测仪器的现状及发展方向,并具有学习与应用国内外最新检测技术的能力。

(4)试验检测人员应能正确、如实地填写原始记录,编制检测报告。检测结果必须由具有本领域五年以上工作经验者校核,校核者必须在检验记录和报告中签字,以示负责。

(5)试验检测人员应了解计量法常识及国际单位制基本内容,能运用数理统计方面的知识对检测结果进行数据处理。

(6)试验检测人员有权拒绝任何单位和个人明示或暗示地对试验检测数据报告的篡改和伪造要求,有权拒绝在未达到试验条件或相应职业健康安全条件的环境中进行试验检测工作。

单元1.2 公路工程质量检验与评定方法

为加强公路工程质量管理,保证工程质量,应对公路工程质量进行等级评定。进行公路工程质量等级评定,首先要对工程质量进行检验。检验是指对被检查项目的特征和性能进行检查、检测、试验等,并将结果与标准规定的要求进行比较,以判定其是否合格所进行的活动。评定是指对分项工程、分部工程、单位工程和合同段的质量进行检验,并确定其质量等级的活动。

一、公路工程质量检验与评定的相关知识

1. 公路工程项目划分

为规范公路工程施工质量的检验评定,统一工程质量检验标准和评定标准,公路工程质量检验评定统一执行《公路工程质量检验评定标准　第一册　土建工程》(JTG F80/1—2017)。该标准是公路工程施工质量的最低限值标准,执行该标准有其强制性和刚性要求,即规定了普遍必须达到的最低标准。该标准适用于各等级公路新建和改扩建工程施工质量的检验评定。

考虑建设任务、施工管理和质量控制的需要,建设项目划分为单位工程、分部工程、分项工程三级。

(1)在合同段中,具有独立施工条件和结构功能的工程为单位工程。

(2)在单位工程中,按路段长度、结构部位及施工特点等划分的工程为分部工程。

(3)在分部工程中,根据施工工序、工艺或材料等划分的工程为分项工程。

单位工程、分部工程和分项工程的划分应在施工准备阶段进行,内容详见表1-1。

单位工程、分部工程及分项工程的划分　　　　表1-1

单位工程	分部工程	分项工程
路基工程 (每10km或每标段)	路基土石方工程 (1~3km路段)①	土方路基,填石路基,软土地基处治,土工合成材料处治层等
	排水工程 (1~3km路段)①	管节预制,混凝土排水管安装,检查(雨水)井砌筑,土沟,浆砌水沟,盲沟,跌水,急流槽,水簸箕,排水泵站沉井、沉淀池等
	小桥及符合小桥标准的通道,人行天桥,渡槽(每座)	钢筋加工及安装,砌体,混凝土扩大基础,钻孔灌注桩,混凝土墩、台,墩、台身安装,台背填土,就地浇筑梁、板,预制安装梁、板,就地浇筑拱圈,混凝土桥面板桥面防水层,支座垫石和挡块,支座安装,伸缩装置安装,栏杆安装,混凝土护栏,桥头搭板,砌体坡面护坡,混凝土构件表面防护,桥梁总体等
	涵洞、通道 (1~3km路段)①	钢筋加工及安装,涵台,管节预制,混凝土涵管安装,波形钢管涵安装,盖板制作,盖板安装,箱涵浇筑,拱涵浇(砌)筑,倒虹吸竖井,集水井砌筑,一字墙和八字墙,涵洞填土,顶进施工的涵洞,砌体坡面防护,涵洞总体等
	防护支挡工程 (1~3km路段)①	砌体挡土墙,墙背填土,边坡锚固防护,土钉支护,砌体坡面防护,石笼防护,导流工程等

续上表

单位工程	分部工程	分项工程
路基工程 （每10km或每标段）	大型挡土墙,组合式挡土墙(每处)	钢筋加工及安装,砌体挡土墙,悬臂式挡土墙,扶壁式挡土墙,锚杆、锚定板和加筋土挡土墙,墙背填土等
路面工程 （每10km或每标段）	路面工程 (1~3km路段)①	功能层、底基层,基层,面层,路缘石,路肩等
桥梁工程② （每座或每合同段）	基础及下部构造 (1~3墩台)③	钢筋加工及安装,预应力筋加工和张拉,预应力管道压浆,混凝土扩大基础,钻孔灌注桩,挖孔桩,沉入桩,灌注桩桩底压浆,地下连续墙,沉井,沉井、钢围堰的混凝土封底,承台等大体积混凝土结构,砌体,混凝土墩、台,墩台身安装,支座垫石和挡块,拱桥组合桥台,台背填土等
	上部构造预制和安装 (1~3跨)③	钢筋加工及安装,预应力筋加工和张拉,预应力管道压浆,预制安装梁、板,悬臂施工梁,顶推施工梁,转体施工梁,拱圈节段预制,拱的安装,转体施工拱,中下承式拱吊杆和柔性系杆,刚性系杆,钢梁制作,钢梁安装,钢梁防护等
	上部构造现场浇筑 (1~3跨)③	钢筋加工及安装,预应力筋加工及张拉,预应力管道压浆,就地浇筑梁、板,悬臂施工梁,就地浇筑拱圈,劲性骨架混凝土拱,钢管混凝土拱,中下承式拱吊杆和柔性系杆,刚性系杆等
	桥面系、附属工程及桥梁总体	钢筋加工及安装,混凝土桥面板桥面防水层,钢桥面板上防水黏结层,混凝土桥面板桥面铺装,钢桥面板上沥青混合料铺装,支座安装,伸缩装置安装,人行道铺设,栏杆安装,混凝土护栏,钢桥上钢护栏安装,桥头搭板,混凝土小型构件预制,砌体坡面护坡,混凝土构件表面防护,桥梁总体等
	防护工程	砌体坡面护坡,护岸,导流工程等
	引道工程	见路基工程、路面工程的分项工程
隧道工程⑤ （每座或每合同段）	总体及装饰装修 （每座或每合同段）	隧道总体,装饰装修工程等
	洞口工程 （每个洞口）	洞口边仰坡防护,洞门和翼墙的浇(砌)筑,截水沟、洞口排水沟,明洞浇筑,明洞防水层,明洞回填等
	洞身开挖(200延米)	洞身开挖
	洞身衬砌 (200延米)	喷射混凝土,锚杆,钢筋网,钢架,仰拱,仰拱回填,衬砌钢筋,混凝土衬砌,超前锚杆,超前小导管,管棚

续上表

单位工程	分部工程	分项工程
隧道工程⑤ (每座或每合同段)	防排水(200延米)	防水层、止水带、排水
	路面(1~3km路段)①	基层,面层
	辅助通道⑥ (200延米)	洞身开挖,喷射混凝土,锚杆,钢筋网,钢架,仰拱,仰拱回填,衬砌钢筋,混凝土衬砌,超前锚杆,超前小导管,管棚,防水层,止水带,排水
绿化工程 (每合同段)	分隔带绿地,边坡绿地,护坡道绿地,碎落台绿地,平台绿地(每2km路段),互通式立体交叉区与环岛绿地,管理养护设施区绿地,服务设施区绿地,取、弃土场绿地(每处)	绿地整理,树木栽植,草坪、草本地被及花卉种植,喷播绿化
声屏障工程 (每合同段)	声屏障工程 (每处)	砌块体声屏障,金属结构声屏障,复合结构声屏障
交通安全设施 (每20km或每合同段)	标志、标线、突起路标、轮廓标 (5~10km路段)①	标志,标线,突起路标,轮廓标
	护栏 (5~10km路段)①	波形梁护栏,缆索护栏,混凝土护栏,中央分隔带开口护栏
	防眩设施、隔离栅、防落物网 (5~10km路段)①	防眩板,防眩网,隔离栅,防落物网等
	里程碑和百米桩 (5km路段)	里程碑,百米桩
	避险车道(每处)	避险车道
附属设施	管理中心、服务区、房屋建筑、收费站、养护工区等设施	按其专业工程质量检验评定标准评定

注:①按路段长度划分的分部工程,高速公路、一级公路宜取低值,二级及二级以下公路可取高值。

②分幅桥梁按照单幅划分,特大斜拉桥和悬索桥按照《公路工程质量检验评定标准 第一册 土建工程》(JTG F80/1—2017)附表A-2进行划分,其他斜拉桥和悬索桥可作为一个单位工程参照进行划分。

③按单孔跨径确定的特大桥取1,其余根据规模取2或3。

④护岸可参照挡土墙进行划分。

⑤双洞隧道每单洞作为一个单位工程。

⑥辅助通道包括竖井、斜井、平行导坑、横通道、风道、地下风机房等。

2.公路工程质量检验与评定步骤

公路工程质量检验评定应按分项工程、分部工程、单位工程逐级进行，步骤如下：

（1）首先进行分项工程质量评定：分项工程完工后，根据《公路工程质量检验评定标准 第一册 土建工程》（JTG F80/1—2017）进行质量检验，并对工程质量采用合格率法进行评定；隐蔽工程在隐蔽前应检查合格。

（2）其次进行相应的分部工程质量评定：分部工程完工后，汇总评定其所属分项工程质量资料，检查外观质量，再对相应的分部工程质量进行评定。

（3）最后进行相应的单位工程质量评定：同样方法，单位工程完工后，汇总评定其所属分部工程质量资料，检查外观质量，再对相应的单位工程质量进行评定。

【想一想】 能不能先评定分部工程，再评定单位工程、分项工程？为什么？正确的评定步骤又是怎样的？

二、公路工程质量检验

由于分项工程是公路工程划分的最小单元，因此仅需对分项工程进行质量检验。对分项工程质量进行检验评定的前提条件是，所使用的原材料、半成品、成品及施工控制要点等符合基本要求的规定，同时无外观质量限制缺陷且质量保证资料真实齐全。

分项工程应按《公路工程质量检验评定标准 第一册 土建工程》（JTG F80/1—2017）所列基本要求、实测项目、外观质量和质量保证资料四个检验项目分别检查。

1.基本要求

分项工程所列基本要求，是指控制分项工程施工质量优劣的关键要素必须符合其基本规定。对照基本要求对工程进行逐项检查，不符合基本要求规定时，不得进行下一步的工程质量检验与评定。不要将基本要求与外观质量检查相混淆，基本要求属于工程质量检验与评定的前提条件，是检验与评定能否继续进行的先决项，而外观质量检查属于一个检验项目。

2.实测项目

分项工程实测项目质量评定等级分为合格与不合格，合格与否根据实测项目的合格率判断，或者根据特定的统计方法确定。

（1）实测项目检验

对实测项目按《公路工程质量检验评定标准 第一册 土建工程》（JTG F80/1—2017）规定的检查方法和检查频率进行随机或均布抽样检验，并计算合格率。该标准规定的检查方法为标准方法，若采用其他高效检测方法应经比对确认；检查频率为双车道路段的最低检查频率，对多车道应按车道数与双车道之比相应增加检查数量。

检查项目合格率按式（1-1）计算：

$$检查项目合格率（\%）= \frac{合格的点（组）数}{该检查项目的全部检查点（组）数} \times 100 \qquad (1\text{-}1)$$

（2）实测检查项目合格判定

分项工程中对结构安全、耐久性和主要使用功能起决定性作用的检查项目称为关键项

目(以"△"标识),除关键项目以外的检查项目称为一般项目。检查项目合格判定应符合下列规定:

①关键项目的合格率应不低于95%(机电工程为100%),否则该检查项目为不合格。

②一般项目的合格率应不低于80%,否则该检查项目为不合格。

③有规定极值的检查项目,任一单个检测值不应突破规定极值,否则该检查项目为不合格。

④《公路工程质量检验评定标准 第一册 土建工程》(JTG F80/1—2017)附录中所列压实度、强度、厚度、弯沉、路面横向力系数等采用统计方法进行检验评定的检查项目,不满足要求时,该检查项目为不合格。

【想一想】 压实度既是关键项目又属于统计项目,且有合格率的计算,是否既要符合上述第①条合格率的要求,又要符合第④条按《公路工程质量检验评定标准 第一册 土建工程》(JTG F80/1—2017)附录评定?弯沉既是关键项目又属于统计项目,但无合格率的计算,是否仅符合第④条按《公路工程质量检验评定标准 第一册 土建工程》(JTG F80/1—2017)附录评定?中线偏位属于一般项目但并非统计项目,是否仅按第②条判定?

3.外观质量

外观质量应进行全面检查,并满足《公路工程质量检验评定标准 第一册 土建工程》(JTG F80/1—2017)所列要求,否则该检查项目为不合格。

4.质量保证资料

工程应有真实、准确、齐全、完整的施工原始记录、试验检测数据、质量检验结果等质量保证资料。质量保证资料应包括下列内容:

(1)所用原材料、半成品和成品质量检验结果;

(2)材料配合比、拌和加工控制检验和试验数据;

(3)地基处理、隐蔽工程施工记录和桥梁、隧道施工监控资料;

(4)质量控制指标的试验记录和质量检验汇总图表;

(5)施工过程中遇到的非正常情况记录及其对工程质量影响分析评价资料;

(6)施工过程中如发生质量事故,经处理补救后达到设计要求的认可证明文件等。

基本要求、实测项目、外观质量和质量保证资料等四个检验项目评为不合格的,应进行整修或返工处理直至合格。

三、工程质量评定

工程质量等级应分为合格与不合格。在分项工程基本要求符合规定的前提下,分项工程、分部工程、单位工程评定合格应分别符合以下规定:

1.分项工程质量评定合格的规定

①检验记录应完整;

②实测项目应合格;

③外观质量应满足要求。

2.分部工程质量评定合格的规定

①评定资料应完整;

②所含分项工程应合格;

③外观质量应满足要求。

3.单位工程质量评定合格的规定

①评定资料应完整;

②所含分部工程应合格;

③外观质量应满足要求。

评定为不合格的分项工程、分部工程,经返工、加固、补强或调测,满足设计要求后,可以重新进行检验评定。

4.合同段和建设项目评定合格的规定

所含单位工程合格,则该合同段评定为合格;所含合同段合格,则该建设项目评定为合格。

【例题1-1】 某二级公路仅有路基、路面两个单位工程,其分部工程有路基土石方工程(分项工程仅土方路基1项,该分项工程实测项目中的关键项目压实度经统计合格且合格率为100%,关键项目弯沉经统计合格,其余一般项目合格率均大于85%),涵洞、通道工程(所属分项工程均合格),排水工程(含浆砌排水沟分项工程和急流槽分项工程,其实测项目中关键项目砂浆强度评定为合格,其余一般项目合格率均大于82%,其中一个一般项目初次合格率75%,返工后达到82%),路面工程(所属分项工程均合格)。基本要求、外观质量均符合《公路工程质量检验评定标准 第一册 土建工程》(JTG F80/1—2017)规定的要求,质量保证资料齐全。试对此二级公路各分部工程和单位工程进行质量等级评定。

解:基本要求、外观质量均符合规定要求,质量保证资料齐全,四个检验项目中已符合三项,现仅需根据实测项目进行判定。

(1)分部工程

①路基土石方工程:

土方路基分项工程,实测项目中压实度为关键项目(属于统计项目且计算合格率),经统计合格,其合格率符合不低于95%的要求,合格;弯沉为关键项目(属于统计项目但不计算合格率),合格;其余一般项目合格率符合不低于80%的要求,合格;由于各实测项目合格,土方路基分项工程合格。

由于所属分项工程(仅一项)合格,该分部工程合格。

②涵洞、通道工程:所属分项工程均合格,该分部工程合格。

③排水工程:含两个分项工程(浆砌排水沟和急流槽),关键项目砂浆强度(属于统计项目但不计算合格率),合格;其余一般项目合格率符合不低于80%的要求,合格(其中一个项目属于返工后合格)。

所属两个分项工程均合格,该分部工程合格。

④路面工程:所属分项工程均合格,该分部工程合格。

(2)单位工程

①路基工程:所属分部工程(路基土石方工程,涵洞、通道工程,排水工程)全合格,该单位工程合格。

②路面工程:所属分部工程(仅一个路面工程)合格,该单位工程合格。

🔑 模块小结

(1)试验检测的目的和意义、试验检测人员要求。

(2)公路工程质量检验与评定方法:

①单位工程、分部工程及分项工程的划分;

②在分项工程评定的基础上,逐级评定各相应分部工程、单位工程、合同段和建设项目;

③分项工程质量检验内容包括基本要求、实测项目、外观质量和质量保证资料四个项目;

④工程质量评定结果分为合格和不合格两个等级;

⑤分项工程质量评定;分部工程和单位工程质量评定;

⑥合同段和建设项目工程质量评定。

(3)工程案例。

📚 自我检测

1. 加强试验检测工作,对工程质量控制有何意义?

2. 简述对试验检测人员的基本要求。

3. 简述工程质量检验及质量等级评定办法。

4. 分项工程质量等级评定时,质量保证资料主要包括哪些内容?

5. 某桥梁上部结构为现浇连续梁,在进行质量等级评定时,基本要求、外观质量均符合规定要求,质量保证资料齐全,各分项工程实测项目合格情况见表1-2,试分析评定该桥梁分部工程上部构造现场浇筑的质量等级。

分项工程实测项目合格情况　　　　　　　　表1-2

项目	钢筋加工及安装	预应力筋加工及张拉	预应力管道压浆	就地浇筑梁
实测项目合格情况	关键项目:受力钢筋间距,合格率98%;关键项目:保护层厚度,合格率100%;其余一般项目:合格率均大于90%	关键项目:张拉应力值,合格率97%;关键项目:张拉伸长率,合格率100%;其余一般项目:合格率均大于84%	关键项目:浆体强度,合格;关键项目:压浆压力值,合格率98%;一般项目:稳压时间,合格率96%	关键项目:混凝土强度,合格;关键项目:断面尺寸,合格率96%;其余一般项目:合格率均大于84%

模块 2

现场抽样及试验检测数据处理

学习目标

1. 能对路基路面现场测试进行抽样检验；

2. 能对路基路面现场测试进行随机选点；

3. 能对试验数据进行记录和修约；

4. 能正确使用法定计量单位；

5. 了解数据的统计特征与概率分布；

6. 能对可疑数据进行分析、取舍。

学习任务

1. 路基路面现场测试，按照随机选点方法确定测点位置；

2. 对照试验规程中对试验检测数据有效位数的保留要求，按照数据处理原则对数据进行正确修约，单位符合法定计量单位的要求；

3. 判断试验数据是否可疑，并进行正确取舍。

学习指南

现场测试采用均匀法、随机法等抽样方式选点，主要目的是避免取样的位置带有倾向性和主观性。按随机选点方法确定测点位置是公路工程现场测试必备的技能。

试验检测数据修约有其特定的原则，不能按照"4舍5入"法修约。因为按照"4舍5入"法修约后，所得到数值的均值偏大，所以在试验检测中不予采用。

个别数据出现异常时，可简单地用3倍标准差($3S$)法确定该可疑数据是否取舍。

本模块基于试验检测数据处理的工作过程来编写，学生应沿着如下流程进行学习：

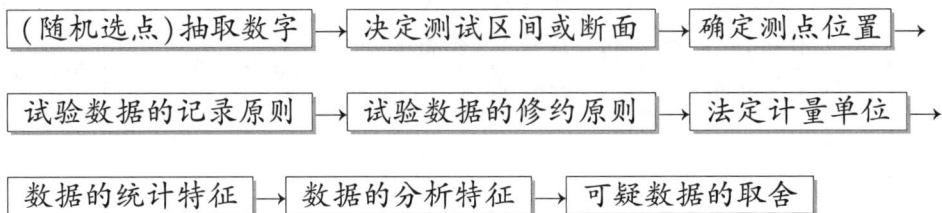

(随机选点)抽取数字 → 决定测试区间或断面 → 确定测点位置 →

试验数据的记录原则 → 试验数据的修约原则 → 法定计量单位 →

数据的统计特征 → 数据的分析特征 → 可疑数据的取舍

单元2.1 抽样检验

一、总体与样本

在工程质量检验中,除特殊项目外,大多数采用抽样检验,这就涉及总体与样本的概念。总体又称母本,是统计分析中所要研究对象的全体,而组成总体的每个单元称为个体。从总体中抽取一部分个体就是样本(又称子样),而组成样本的每一个个体,即为样品。

例如,一批沥青有100桶,从每一桶沥青中抽取2个试样,共抽取了200个试样做试验,则这100桶沥青称为总体,200个试样是样本,而这200个试样中的某一个,就是该样本中的一个样品。总体与样本的关系如图2-1所示。

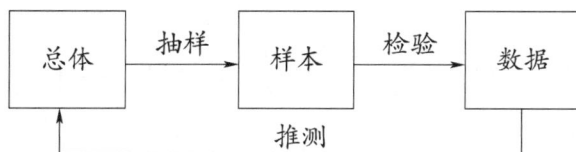

图2-1 总体与样本的关系

二、抽样检验的条件与方法

抽样检验是从总体中抽取较少的样本进行检验,根据检验结果来判定总体产品是否合格。因此,为准确判定结果,必须注意抽样检验应满足的条件。

1. 要明确批的划分

要注意使同批产品在原材料、工艺条件、生产时间等方面具备基本相同的条件。例如,抽样检验水泥、沥青等物品的质量特性时,应将相同厂家、相同品种或强度等级的产品作为一个批,而不能将不同生产厂家或不同牌号的水泥、沥青划在一个批内。

2. 必须抽取能代表批的样本

由于抽样检验是根据样本检验结果来推断批的好坏,故样本的代表性尤为重要。为使所抽取的样本能成为批的可靠代表,常采用随机抽样的方法。例如有一批产品,共100箱,每箱20件,从中选择200个样品,一般有以下几种抽样方法。

(1)从整批产品中,任意抽取200件,此方法为单纯随机抽样。

(2)将整批产品分别从每箱中任意抽取2件,此方法为分层抽样。

(3)在整批产品中,先分成10组,每组为10箱,然后分别从各组中任意抽取20件,此方法为系统抽样。

(4)从整批产品中,任意抽取10箱,对这10箱进行全数检验,此方法为密集群抽样。

随机抽样的方法有多种,适用于公路工程质量检验的随机抽样方式一般是前三种:

(1)单纯随机抽样。在总体中,直接抽取样本的方法即为单纯随机抽样。这是一种完全随机化的抽样方法,它适用于对总体缺乏基本了解的场合。随机抽样并不意味着随便地、任意地取样,它可利用随机表或随机数骰子等工具进行抽样,此方法可以保证总体每个单位出现的概率相同。

（2）分层抽样。分层抽样法是将工程或工序分成若干层,然后从所有分层中按一定比例取样。一项工程或工序是由若干不同的班组施工的,例如有两台搅拌机同时拌制原材料相同的同强度等级混凝土,为检验混凝土生产质量,采用抽样方法时,应注意对两台搅拌机分别取样,这样便于了解不同"层"的产品质量特性,研究各层造成不良品率的原因。

（3）系统抽样。系统地将总体分成若干部分,然后从每一个部分抽取一个或若干个样品组成样本,这一方法称为系统抽样。在工程质量控制中,系统抽样的实现主要有以下三种方式：

①将比较大的工程分为若干部分,再根据样本容量的大小,对每部分按比例进行单纯随机抽样,将各部分抽取的样品组合成一个样本。

②间隔定时法,即每隔一定的时间,从工作面抽取一个或若干个样品。该方法适用于工序质量控制。

③间隔定量法,即每隔一定数量的产品,抽取一个或若干个样品。该方法主要适用于工序质量控制。

单元2.2　现场抽样

对于公路工程现场测试来说,正确规范地选择测试位置是保证路基路面现场测试结果可靠性和代表性的前提,选择不同的方法可能会得到截然相反的测试结论,因此《公路路基路面现场测试规程》(JTG 3450—2019)T 0902—2019列出了公路工程路基路面现场测试常用的选点方法。另外,为尽量减少对工程实体的影响,在保证测试结果具有代表性的前提下,新建道路的钻芯取样地点一般选择在标线位置。

路基路面现场测试选点方法包括均匀法、随机法、定向法、连续法和综合法等。

一、适用范围

按照T 0902—2019选点方法,正确规范地进行现场抽样,选择路基路面现场测试位置,保证选点具有代表性。

本方法适用于路基路面现场进行抽样试验时的个体（测点）选择,以评价样本的各类技术指标。

二、现场测试选点方法

1. 均匀法

将道路沿纵向或横向进行等间距划分,并在划分点处做好标记,在划分点上布置测点,见图2-2。

2. 随机法

详见单元2.3内容。

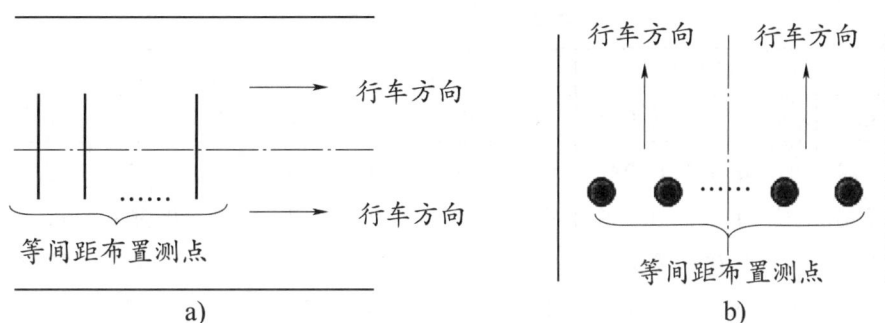

图2-2 均匀法选点示意图

3. 定向法

选取轮迹带或出现裂缝、错台、板角等具有某个特征或指定的位置作为测点,见图2-3。

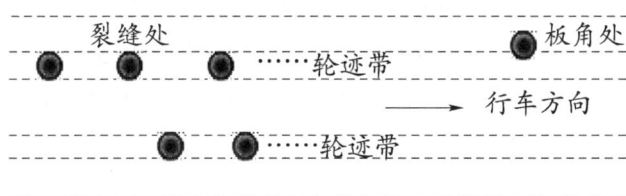

图2-3 定向法选点示意图

4. 连续法

按相应标准的规定,沿道路纵向小间距连续、均匀布置测区,见图2-4。

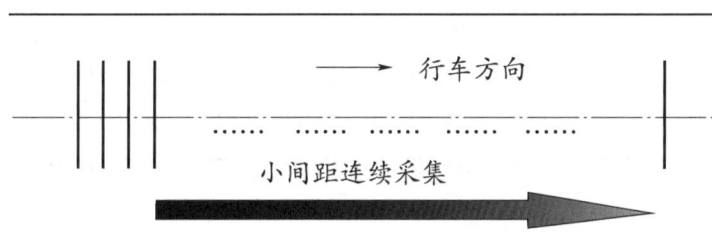

图2-4 连续法选点示意图

5. 综合法

同时采用上述两种以上选点方法,确定测点位置。通常沿道路纵向连续选择测区,测区内随机选择测点,或者沿道路纵向均匀确定测区,测区内定向选取测点等。

单元2.3 路基路面现场测试随机选点方法

一、概述

为了公正、合理地反映路基路面工程质量状况,现场测试时取样的位置不应带有任何倾向性,当采用随机法抽检时,应该根据随机数表(表2-1)确定现场取样的具体位置。《公路路基路面现场测试规程》(JTG 3450—2019)附表 A 中介绍了随机选点方法。

一般取样的随机数表   表 2-1

栏号 11			栏号 12			栏号 13			栏号 14			栏号 15		
A	B	C	A	B	C	A	B	C	A	B	C	A	B	C
27	0.074	0.779	16	0.078	0.987	03	0.033	0.091	26	0.035	0.175	15	0.023	0.979
06	0.084	0.396	23	0.087	0.056	07	0.047	0.391	17	0.089	0.363	11	0.118	0.465
24	0.098	0.524	17	0.096	0.076	28	0.064	0.113	10	0.149	0.681	07	0.134	0.172
10	0.133	0.919	04	0.153	0.163	12	0.066	0.360	28	0.238	0.075	01	0.139	0.230
15	0.187	0.079	10	0.254	0.834	26	0.076	0.552	13	0.244	0.767	16	0.145	0.122
17	0.227	0.767	06	0.284	0.628	30	0.087	0.101	24	0.262	0.366	20	0.165	0.520
20	0.236	0.571	12	0.305	0.616	02	0.127	0.187	08	0.264	0.651	06	0.185	0.481
01	0.245	0.988	25	0.319	0.901	06	0.144	0.068	18	0.285	0.311	09	0.211	0.316
04	0.317	0.291	01	0.320	0.212	25	0.202	0.674	02	0.340	0.131	14	0.248	0.348
29	0.350	0.911	08	0.416	0.372	01	0.247	0.025	29	0.353	0.478	25	0.249	0.890
26	0.380	0.104	13	0.432	0.556	23	0.253	0.323	06	0.359	0.270	13	0.252	0.577
28	0.425	0.864	02	0.489	0.827	24	0.320	0.651	30	0.387	0.248	30	0.273	0.088
22	0.487	0.526	29	0.503	0.787	10	0.328	0.365	14	0.392	0.694	18	0.277	0.689
05	0.552	0.571	15	0.518	0.717	27	0.338	0.412	03	0.408	0.077	22	0.372	0.958
14	0.564	0.357	28	0.524	0.998	13	0.356	0.991	27	0.440	0.280	10	0.461	0.075
11	0.572	0.306	03	0.542	0.352	16	0.401	0.792	22	0.461	0.830	28	0.519	0.536
21	0.594	0.197	19	0.585	0.462	17	0.423	0.117	16	0.527	0.003	17	0.520	0.090
09	0.607	0.524	05	0.695	0.111	21	0.481	0.838	20	0.531	0.486	03	0.523	0.519
19	0.650	0.572	07	0.733	0.838	08	0.560	0.401	25	0.678	0.360	26	0.573	0.502
18	0.664	0.101	11	0.744	0.948	19	0.564	0.190	21	0.725	0.014	19	0.634	0.206
25	0.674	0.428	18	0.793	0.748	05	0.571	0.054	05	0.787	0.595	24	0.635	0.810
02	0.697	0.674	27	0.802	0.967	18	0.587	0.584	15	0.801	0.927	21	0.679	0.841
03	0.767	0.928	21	0.826	0.487	15	0.604	0.145	12	0.836	0.294	27	0.712	0.368
16	0.809	0.529	24	0.835	0.832	11	0.641	0.298	04	0.854	0.982	05	0.780	0.497
30	0.838	0.294	26	0.855	0.142	22	0.672	0.156	11	0.884	0.928	23	0.861	0.106
13	0.845	0.470	14	0.861	0.462	20	0.674	0.887	19	0.886	0.832	12	0.865	0.377
08	0.855	0.524	20	0.874	0.625	14	0.752	0.881	07	0.929	0.932	29	0.882	0.635
07	0.867	0.718	30	0.929	0.056	09	0.774	0.560	09	0.932	0.206	08	0.902	0.020
12	0.881	0.722	09	0.935	0.582	29	0.921	0.752	01	0.970	0.692	04	0.951	0.482
23	0.937	0.872	22	0.947	0.797	04	0.959	0.099	23	0.973	0.082	02	0.977	0.172

注:此表共 28 个栏号,第 1~10、16~28 栏号中的 A、B、C 值可见《公路路基路面现场测试规程》 (JTG 3450—2019),这里仅示出第 11~15 栏。

随机取样选点方法,是按数理统计原理在路基路面现场测试时确定测试区间(断面)、测点位置。它适用于采用随机法或综合法选点的各类公路路基路面现场测试工作。

下面分确定测试区间(断面)和测点位置两种情况分别介绍。

二、测试区间(断面)的确定方法

1. 仪具及材料

(1)量尺:钢尺、皮尺或测距仪等。

(2)硬纸片:编号 1~28,共28块,每块尺寸为 2.5cm×2.5cm,装在一个布袋中,或选择能够产生随机数的计算机软件(如 WPS 表格、Excel 等)。

(3)其他:毛刷、粉笔等。

2. 准备工作

根据路基路面施工或验收、质量评定方法等有关规范要求,确定需要测试的路段。它可以是一个作业段、一天完成的路段或路线全程。在路基路面工程质量验收时,通常以 1km 为一个测试路段。

3. 选取测试区间(断面)的步骤

(1)计算区间数 T。按照规范规定的测试区间(断面)数量要求,将测试路段划分为若干个区间或断面,将其编号为第 $1~n$ 个区间(断面),其总的区间(断面)数为 T。公路路基路面测试一般采用等间距(一般为20m)划分区间(断面)。当选取断面数量超过30个时,应分次选取(因规范中随机数表仅提供选到30个为止),若采用计算机软件进行随机选取,则不受选取数量限制。

(2)随机抽取一块硬纸片,硬纸片上的编号即对应随机数表(表2-1)中的栏号。根据该栏号,依次找出该栏号下 A 列 01、02、…、n 对应的 B 列中的值,也可通过计算机软件产生对应 A 值的 B 值,即得到 n 组 A、B 值。

(3)将 n 个 B 值与总区间(断面)数 T 相乘,四舍五入成整数,即得到 n 个断面的编号,即可根据该编号确定实测断面的位置。

【例题 2-1】 拟从 K36 +000 ~ K37 +000 的 1km 检测路段中选择20个断面测定路面宽度、高程、横坡等外形尺寸;在该路段选择6个测点进行钻孔取样,检测压实度、沥青用量和矿料级配等。试确定实测断面的位置(桩号)。

解:该路段断面确定方法如下:

(1)按照20m等间距,则1km 长的总区间(断面)数 $T = 1000/20 = 50$(个),其编号为1、2、…、50。

【提示】 本任务是通过随机数在总的50个断面中选取20个断面进行测试。

(2)从布袋中摸出一块硬纸片,其编号为14,即使用随机数(表2-1)的第14栏。

(3)从第14栏 A 列中挑出小于或等于20(即选取20个断面)所对应的 B 列数值,将 B 值与 T 相乘,四舍五入得到20个断面编号,并得到20个断面的桩号,如表2-2所示。

路面宽度、高程、横坡检测断面随机选点计算表 表2-2

断面编号	14 栏 A 列	B 列	B × T	断面号	桩号
1	17	0.089	4.45	4	K36 +080
2	10	0.149	7.45	7	K36 +140

续上表

断面编号	14栏A列	B列	B×T	断面号	桩号
3	13	0.244	12.2	12	K36+240
4	08	0.264	13.2	13	K36+260
5	18	0.285	14.25	14	K36+280
6	02	0.340	17.00	17	K36+340
7	06	0.359	17.95	18	K36+360
8	14	0.392	19.60	20	K36+400
9	03	0.408	20.40	20	K36+420
10	16	0.527	26.35	26	K36+520
11	20	0.531	26.55	27	K36+540
12	05	0.787	39.35	39	K36+780
13	15	0.801	40.05	40	K36+800
14	12	0.836	41.8	42	K36+840
15	04	0.854	42.7	43	K36+860
16	11	0.884	44.2	44	K36+880
17	19	0.886	44.3	44	K36+900
18	07	0.929	46.45	46	K36+920
19	09	0.932	46.6	47	K36+940
20	01	0.970	48.5	49	K36+980

三、测点位置的确定方法

（1）按照有关标准规范要求确定测点数量 n。当选取数量超过30个时，应分次选取（因规范中随机数表仅提供选到30个为止），若采用计算机软件进行随机选取，则不受选取数量限制。

（2）随机抽取一块硬纸片，纸片上的编号即对应随机数表（表2-1）中的栏号。根据该栏号，依次找出该栏号下A列01、02、…、 n 值对应的B、C列中的值，也可通过计算机软件产生对应A值的B值和C值，即得 n 组A、B、C值。

（3）以A列对应的B列中数值，乘以测试路段的总长度，再加上测试路段起点的桩号，即得出取样纵向位置，即断面桩号。

（4）以A列对应的C列中的数值，乘以检查路面的宽度，再减去宽度的一半，即得出取样位置距离路面中心线的距离。若差值为正（+），表示在中心线的右侧；若差值为负（-），则表示在中心线的左侧。

【例题2-2】 上接［例题2-1］，试确定测点的位置。

解： 该路段6个测点，即钻孔位置确定方法如下：

（1）选定的随机数栏为栏号11。

（2）表2-1栏号11的A列中从上至下小于或等于6的数有06、01、04、05、02及03。

（3）表2-1栏号11的*B*列中与这6个数相对应的数为0.084、0.245、0.317、0.552、0.697及0.767。

（4）取样路段长度1000m，计算得出6个乘积（取样位置与该段起点的距离）分别为84m、245m、317m、552m、697m及767m。

（5）表2-1栏号11的*C*列中与*A*列这6个数相对应的数为0.396、0.988、0.291、0.571、0.674及0.928。

（6）路面宽度为10m，计算得到6个乘积分别是3.96m、9.88m、2.91m、5.71m、6.74m及9.28m。再减去路面宽度的一半，因此6个取样的横向位置分别是距中线左1.04m、右4.88m、左2.09m、右0.71m、右1.74m及右4.28m，上述计算结果列于表2-3。

钻孔位置随机取样选点计算表

表2-3

栏号11				取样路段长1000m		路面宽度10m		测点数6个
测点编号	*A*列	*B*列	距起点距离（m）	桩号	*C*列	距路边缘距离（m）	距中线位置（m）	
NO.1	06	0.084	84	K36+084	0.396	3.96	左1.04	
NO.2	01	0.245	245	K36+245	0.988	9.88	右4.88	
NO.3	04	0.317	317	K36+317	0.291	2.91	左2.09	
NO.4	05	0.552	552	K36+552	0.571	5.71	右0.71	
NO.5	02	0.697	697	K36+697	0.674	6.74	右1.74	
NO.6	03	0.767	767	K36+767	0.928	9.28	右4.28	

单元2.4　数据的记录、修约及法定计量单位

一、试验数据原始记录表的要求

试验数据原始记录表应满足以下要求：

（1）原始记录表信息应齐全。原始记录表应格式统一、形式合规，即符合《公路水运试验检测数据报告编制导则》（JT/T 828—2019）的要求。原始记录表信息主要包括：产品（参数）名称、工程名称、工程部位/用途；样品编号、样品数量、样品状态、采样时间、抽样地点；规格型号、生产单位；生产（成型）日期、养护条件；环境条件（温度、湿度、照度、气压）；主要检测仪器名称及编号；检测依据、判定依据；检测原始记录数据、数据处理过程、试验检测结果；检测人、复核人；试验日期等。

（2）原始记录表数据应真实可靠，具有可追溯性。原始记录表中记录的信息要充分完整，具有可追溯性，即事后能够尽可能复现当初检测的全过程，以便在必要时能够判断检测工作可能在哪个环节出现差错。要求手工填写的原始观测数据应在现场如实、完整记录；由仪器设备自动采集的检测数据、试验照片等电子数据，可打印签字后粘贴于记录表中或保存

电子档。

工程试验检测原始记录应在检测时予以记录，不允许补记、誊写；不能随意修改、涂改，不得用铅笔填写。原始记录如果确需更改，不能随意修改、涂改，应进行正确划改，即在作废数据上划一条（也可规定为两条）删除水平线，将正确数据填在上方，目的是在记录上能体现修改的痕迹，能溯源到原始的记录状态，并且更改人要签名，以示负责。

（3）原始记录表签字应齐全。原始记录表应有试验检测人员和复核人员的签名。原始记录经过计算后的结果即检测结果必须有人复核，复核者在本领域必须有五年以上工作经验。复核者必须在试验检测记录和报告中签字，以示负责。

原始记录、试验报告保存期限通常不少于6年。

二、试验数据的修约原则

1.修约间隔

修约间隔是指确定修约保留位数的一种方式。修约间隔的数值一经确定，修约值即应为该数值的整数倍。

例如，指定修约间隔为0.1，修约值即应在0.1的整数倍中选取，相当于将数值修约到1位小数。又如，指定修约间隔为100，修约值即应在100的整数倍中选取，相当于将数值修约到百位数。

0.5单位修约（半个单位修约）是指修约间隔为指定数位的0.5个单位，即修约到指定数位的0.5个单位。

0.2单位修约是指修约间隔为指定数位的0.2个单位，即修约到指定数位的0.2个单位。

2.原始数据及结果处理

原始数据及结果处理中一般常用的数值修约规则如下：

（1）4舍。拟舍去的数字中，其最左面的第一位数字小于5时，则舍去，留下的数字不变。相当于"4舍5入"的"4舍"修约原则不变，即遇到0、1、2、3、4这5个数则舍去。

【例题2-3】 将18.2432修约只留一位小数时，其拟舍去的数字中最左面的第一位数字是4，则可舍去，结果成18.2。

【例题2-4】 将18.2432修约到个位数，结果为18。

（2）6入。拟舍去的数字中，其最左面的第一位数字大于或等于6时，则进1，即所留下的末位数字加1。相当于"4舍5入"中的"5入"变成"6入"，即遇到6、7、8、9这4个数则入。

【例题2-5】 将26.4843修约只留一位小数时，其拟舍去的数字中最左面的第一位数字是8，则应进1，结果成26.5。

【例题2-6】 将1268修约到十位数，即修约间隔为10，结果为1270。

（3）5后非0则入。拟舍去的数字中，其最左面的第一位数字等于5时，而后面的数字并非全部为0时，则进1，即所留下的末位数字加1。相当于"4舍5入"中的"5入"变成"5看情况，有时入，有时不入，5后非0则入"。

【例题2-7】 将15.0501修约到只留一位小数时,其拟舍去的数字中最左面的第一位数字是5,5后面的数字还有01,5后非0,故进1,结果为15.1。

【例题2-8】 将12.502修约到个位数,结果为13。

(4)5后为0,奇进偶不进。拟舍去的数字中,其最左面的第一位数字等于5时,而后面无数字或全部为0时,所保留的数字末位如为奇数(1、3、5、7、9)则进1,如为偶数(0、2、4、6、8)则舍去。相当于"4舍5入"中的"5入"变成"5看情况,5后为0,奇进偶不进"。

【例题2-9】 将下列各数字修约只留一位小数时,其拟舍去的数字中最左面的第一位数字是5,5后面无数字,根据所留末位数的奇偶关系,结果为:

15.05	15.0	(因为"0"是偶数)
15.15	15.2	(因为"1"是奇数)
15.25	15.2	(因为"2"是偶数)
15.45	15.4	(因为"4"是偶数)

【例题2-10】 将下列各数字修约到百位数,即修约间隔为100,其拟舍去的数字中最左面的第一位数字是5,5后面全部为0,结果为:

3550	3600	(因为"5"是奇数)
5150	5200	(因为"1"是奇数)
8250	8200	(因为"2"是偶数)
7450	7400	(因为"4"是偶数)

【例题2-11】 将下列各数字修约到个位数,即修约间隔为1,其拟舍去的数字中最左面的第一位数字是5,5后面无数字或全部为0,结果为:

273.500	274	(因为"3"是奇数)
2.5	2	(因为"2"是偶数)
36.50	36	(因为"6"是偶数)
157.50	158	(因为"7"是奇数)

【想一想】 哪几种情况是"舍"? 哪几种情况是"入或进"?

(5)0.5单位修约时,将拟修约数值乘以2,按指定位数(0.5修约单位也同样乘以2,即修约单位变成1)依进舍规则修约,所得数值再除以2。

【例题2-12】 将下列数字修约到个位数的0.5单位(即修约间隔为0.5)。

拟修约数字	乘2	2A修约值(修约间隔1)	A修约值(修约间隔0.5)
50.25	100.50	100	50.0
51.25	102.50	102	51.0
50.38	100.76	101	50.5
50.75	101.50	102	51.0
51.75	103.50	104	52.0

(6)0.2单位修约时,将拟修约数值乘以5,按指定位数(0.2修约单位也同样乘以5,即修约单位变成1)依进舍规则修约,所得数值再除以5。

【例题2-13】 将下列数字修约到百位数的0.2单位(或修约间隔为20)。

拟修约数字	乘5	5A修约值(修约间隔1)	A修约值(修约间隔20)
830	4150	4200	840
810	4050	4000	800
842	4210	4200	840

3. 数值修约注意事项

拟舍去的数字并非单独的一个数字时,不对该数值连续进行修约,应按拟舍去的数字中最左面的第一位数字的大小,照上述各条一次修约完成。

【例题2-14】 将15.4546修约成整数时,不应按15.4546→15.455→15.46→15.5→16进行,而应按15.4546→15进行修约。

4. 数值修约规则与"4舍5入"方法的区别

上述数值修约规则(有时就称之为"奇进偶不进"法)与以往用的"4舍5入"方法的区别在于,用"4舍5入"法对数值进行修约,从很多修约后的数值中得到的均值偏大,用上述修约规则,取舍的状况具有平衡性,取舍误差也具有平衡性,若干数值经过这种修约后,修约值之和变大的可能性与变小的可能性是一样的。

5. 修约口诀

为便于记忆,将上述规则归纳为以下几句口诀:**4舍6入5考虑,5后非0则进1,5后为0视奇偶,奇进偶舍要注意,修约一次要到位。**

三、法定计量单位

1985年9月6日,我国公布的《中华人民共和国计量法》明确规定,国家实行法定计量单位制度。法定计量单位制度是政府以法令的形式,明确规定要在全国范围内采用的计量单位。2017年12月27日修订的《中华人民共和国计量法》规定:"国际单位制计量单位和国家选定的其他计量单位,为国家法定计量单位。"

"国际单位制"用符号SI表示。SI由于结构合理、科学简明、方便实用,适用于众多科技领域和各行各业,可实现世界范围内计量单位的统一,因而在国际上获得广泛承认和接受,成为科技、经济、文教、卫生等各界的共同语言。

1. 国际单位的基本单位

SI基本单位是SI的基础,SI选择了长度、质量、时间、电流、热力学温度、物质的量和发光强度七个基本量,其名称和符号见表2-4。

国际单位制的基本单位   表2-4

量的名称	单位名称	单位符号	量的名称	单位名称	单位符号
长度	米	m	热力学温度	开尔文	K
质量	千克(公斤)	kg	物质的量	摩尔	mol
时间	秒	s	发光强度	坎德拉	cd
电流	安培	A			

2. SI 导出单位

部分包括 SI 辅助单位在内的具有专门名称的导出单位列于表2-5。

部分包括 SI 辅助单位在内的具有专门名称的导出单位　表2-5

量的名称	单位名称	单位符号	量的名称	单位名称	单位符号
[平面]角	弧度	rad	能[量],功,热量	焦[耳]	J
频率	赫[兹]	Hz	功率,辐[射能]通量	瓦[特]	W
力	牛[顿]	N	电压,电动势,电位,(电势)	伏[特]	V
压力,压强,应力	帕[斯卡]	Pa	摄氏温度	摄氏度	℃

3. SI 单位的倍数单位

SI 中规定了20个构成十进倍数和分数单位的词头和所表示的因数。这些词头不能单独使用,也不能重叠使用,它们仅用于与 SI 单位(kg 除外)构成 SI 单位的十进倍数单位和十进分数单位,详见表2-6。

常见用于构成十进倍数和分数单位的词头　表2-6

所表示的因数	词头名称	词头符号	所表示的因数	词头名称	词头符号
10^6	兆	M	10^{-1}	分	d
10^3	千	k	10^{-2}	厘	c
10^2	百	h	10^{-3}	毫	m
10^1	十	da	10^{-6}	微	μ

4. 国家选定的其他计量单位

此外,我国还选定了若干非 SI 单位,与 SI 单位一起作为国家的法定计量单位,它们具有同等的地位,详见表2-7。

国家选定的常见其他计量单位　表2-7

量的名称	单位名称	单位符号	量的名称	单位名称	单位符号
时间	分	min	质量	吨	t
	小时	h			
	天(日)	d			
旋转角度	转每分	r/min	体积	升	L

【例题2-15】 改正以下检测数据的法定计量单位:mpa、CM、cM、KPa、kPA、MM、Dm、H(小时)、T(吨)、D(天)。

解:正确的法定计量单位分别为 MPa、cm、cm、kPa、kPa、mm、dm、h(小时)、t(吨)、d(天)。

单元 2.5　数据的统计特征与概率分布

一、数据的统计特征

工程质量数据的统计特征量分为两类：一类是表示统计数据的规律性，主要有算术平均值、中位数、加权平均值等；另一类表示统计数据的差异性，即工程质量的波动性，主要有极差、标准偏差、变异系数等。

1. 算术平均值

算术平均值是表示一组数据集中位置最有用的统计特征量，经常用样本的算术平均值来代表总体的平均水平。样本的算术平均值用 $\bar{x}$ 表示。如果 n 个样本数据为 x_1、x_2、$\cdots$、x_n，那么，样本的算术平均值为：

$$\bar{x} = \frac{1}{n}(x_1 + x_2 + \cdots + x_n) = \frac{1}{n}\sum_{i=1}^{n} x_i \tag{2-1}$$

【例题 2-16】　某路段沥青混凝土面层抗滑性能检测，摩擦系数的检测值（共 10 个测点）分别为 58、56、60、53、48、54、50、61、57、55（摆值）。求摩擦系数的算术平均值。

解：由式（2-1）可知，摩擦系数的算术平均值为：

$$\bar{F}_B = \frac{1}{10}(58 + 56 + 60 + 53 + 48 + 54 + 50 + 61 + 57 + 55) = 55.2 \quad（摆值）$$

2. 中位数

在一组数据 x_1、x_2、$\cdots$、x_n 中，按其大小次序排序，以排在正中间的一个数表示总体的平均水平，称之为中位数，或称中值，用 $\tilde{x}$ 表示。n 为奇数时，正中间的数只有一个；n 为偶数时，正中间的数有两个，取这两个数的平均值作为中位数，即：

$$\tilde{x} = \begin{cases} x_{\frac{n+1}{2}} & （n \text{ 为奇数}） \\ \frac{1}{2}\left(x_{\frac{n}{2}} + x_{\frac{n}{2}+1}\right) & （n \text{ 为偶数}） \end{cases} \tag{2-2}$$

【例题 2-17】　检测值同［例题 2-16］，求中位数。

解：检测值按大小次序排列为 61、60、58、57、56、55、54、53、50、48（摆值），则中位数为：

$$\tilde{F}_B = \frac{F_{B(5)} + F_{B(6)}}{2} = \frac{56 + 55}{2} = 55.5 \quad（摆值）$$

3. 极差

在一组数据中最大值与最小值之差，称为极差，记作 R。

$$R = x_{max} - x_{min} \tag{2-3}$$

【例题 2-18】　［例题 2-16］中的检测数据的极差为：

$$R = F_{Bmax} + F_{Bmin} = 61 - 48 = 13 \quad（摆值）$$

极差计算十分简单，但没有充分利用数据的信息，仅适用于样本容量较小（$n < 10$）的情况。

4. 标准偏差

标准偏差有时也称标准离差、标准差或均方差，它是衡量样本数据波动性（离散程度）的指标。在质量检验中，总体的标准偏差 σ 一般不易求得。样本的标准偏差 S 按式(2-4)计算。

$$S = \sqrt{\frac{(x_1 - \bar{x})^2 + (x_2 - \bar{x})^2 + \cdots + (x_i - \bar{x})^2}{n - 1}} = \sqrt{\frac{\sum\limits_{i=1}^{n}(x_i - \bar{x})^2}{n - 1}}$$

$$= \sqrt{\frac{1}{n - 1}(\sum\limits_{i=1}^{n} x_i^2 - n\bar{x}^2)} \tag{2-4}$$

【例题 2-19】　仍用[例题 2-16]的数据，求样本标准偏差 S。

解： 由式(2-4)可知，样本标准偏差为：

$$S = \left\{ \frac{1}{10 - 1} \left[(58 - 55.2)^2 + (56 - 55.2)^2 + (60 - 55.2)^2 + (53 - 55.2)^2 + \right. \right.$$

$$(48 - 55.2)^2 + (54 - 55.2)^2 + (50 - 55.2)^2 + (61 - 55.2)^2 +$$

$$\left. \left. (57 - 55.2)^2 + (55 - 55.2)^2 \right] \right\}^{1/2} = 4.13 \quad (摆值)$$

5. 变异系数

标准偏差用来反映样本数据的绝对波动状况。当测量较大的量值时，绝对误差一般较大；测量较小的量值时，绝对误差一般较小。因此，用相对波动的大小即变异系数，更能反映样本数据的波动性。

变异系数用 C_V 表示，是标准差 S 与算术平均值的比值，即：

$$C_V = \frac{S}{\bar{x}} \times 100\% \tag{2-5}$$

【例题 2-20】　若甲路段沥青混凝土面层的摩擦系数算术平均值为55.2(摆值)，标准偏差为4.13(摆值)；乙路段摩擦系数算术平均值为60.8(摆值)，标准偏差为4.27(摆值)，则两路段的变异系数为：

甲路段
$$C_V = \frac{4.13}{55.2} \times 100\% = 7.48\%$$

乙路段
$$C_V = \frac{4.27}{60.8} \times 100\% = 7.02\%$$

从标准偏差看，$S_甲 < S_乙$，但从变异系数分析，$C_{V甲} > C_{V乙}$，说明甲路段的摩擦系数相对波动比乙路段的大，面层抗滑稳定性较差。

二、数据的概率分布

试验检测数据属于随机变量，而随机变量具有一定的规律性或分布形式，这种规律性一般用概率分布来描述。概率分布的曲线形式很多，在公路工程质量控制和评价中，常用到正态分布和 t 分布。

1. 正态分布

正态分布是应用最多、最广泛的一种概率分布，而且是其他概率分布的基础。其曲线形状如图2-5所示。

平均值 μ 是 $f(x)$ 曲线的位置参数，它决定曲线最高点的横坐标。标准偏差 σ 是 $f(x)$ 曲线的形状参数，它的大小反映了曲线的宽窄程度。σ 越大，曲线低而宽，说明观测值落在 μ 附近的概率越小，观测值越分散；σ 越小，曲线高而窄，说明观测值落在 μ 附近的概率越大，观测值越集中（图2-5）。

2. t 分布

正态分布适用于样本较大的统计数据，对小样本统计数据，无法应用正态分布的理论来直接处理，需要用到类似正态分布的 t 分布。

当随机变数 x 服从自由度为 n 的 t 分布时，记作 $x \sim t(n)$，其分布图形如图2-6所示。

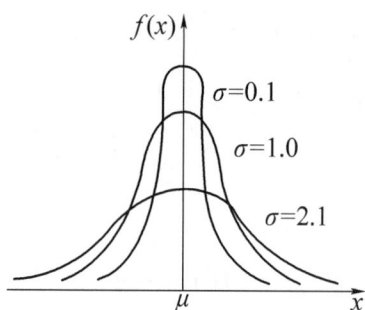

图2-5　正态分布曲线

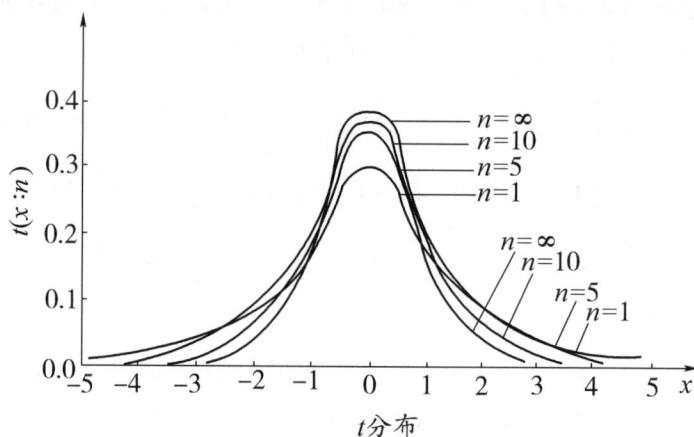

图2-6　t 分布曲线

在施工质量评定中，通常在总体标准偏差 σ 未知时，利用样本标准偏差 S 代替总体标准偏差 σ 来估计平均值置信区间。计算一个评定路段的测试值代表值时，对双侧检验的指标，按式（2-6）计算；对单侧检验指标，按式（2-7）计算。

$$x' = \bar{x} \pm \frac{t_{\alpha/2}}{\sqrt{n}} \cdot S \qquad (2\text{-}6)$$

$$x' = \bar{x} \pm \frac{t_{\alpha}}{\sqrt{n}} \cdot S \qquad (2\text{-}7)$$

式中：　x'——指一个评定路段内测试值的代表值；

$\bar{x}$——指一个评定路段内测试值的算术平均值；

t_{α} 或 $t_{\alpha/2}$——t 分布概率系数表中随自由度和置信水平（保证率）而变化的参数，见表2-8。

t 分布概率系数表　　　　　　　　　　　　　　　　　表2-8

n	双边置信水平			单边置信水平		
	99%	95%	90%	99%	95%	90%
	$t_{0.995}/\sqrt{n}$	$t_{0.975}/\sqrt{n}$	$t_{0.95}/\sqrt{n}$	$t_{0.99}/\sqrt{n}$	$t_{0.95}/\sqrt{n}$	$t_{0.90}/\sqrt{n}$
2	45.012	8.985	4.465	22.501	4.465	2.176
3	5.730	2.484	1.686	4.201	1.686	1.089
4	2.921	1.591	1.177	2.270	1.177	0.819
5	2.059	1.242	0.953	1.676	0.953	0.686

n	双边置信水平			单边置信水平		
	99%	95%	90%	99%	95%	90%
	$t_{0.995}/\sqrt{n}$	$t_{0.975}/\sqrt{n}$	$t_{0.95}/\sqrt{n}$	$t_{0.99}/\sqrt{n}$	$t_{0.95}/\sqrt{n}$	$t_{0.90}/\sqrt{n}$
6	1.646	1.049	0.823	1.374	0.823	0.603
7	1.401	0.925	0.734	1.188	0.734	0.544
8	1.237	0.836	0.670	1.060	0.670	0.500
9	1.118	0.769	0.620	0.966	0.620	0.466
10	1.028	0.715	0.580	0.892	0.580	0.437
11	0.955	0.672	0.546	0.833	0.546	0.414
12	0.897	0.635	0.518	0.785	0.518	0.393
13	0.847	0.604	0.494	0.744	0.494	0.376
14	0.805	0.577	0.473	0.708	0.473	0.361
15	0.769	0.554	0.455	0.678	0.455	0.347
16	0.737	0.533	0.438	0.651	0.438	0.335
17	0.708	0.514	0.423	0.626	0.423	0.324
18	0.683	0.497	0.410	0.605	0.410	0.314
19	0.660	0.482	0.398	0.586	0.398	0.305
20	0.640	0.468	0.387	0.568	0.387	0.297
21	0.621	0.455	0.376	0.552	0.376	0.289
22	0.604	0.443	0.367	0.537	0.367	0.282
23	0.588	0.432	0.358	0.523	0.358	0.275
24	0.573	0.422	0.350	0.510	0.350	0.269
25	0.559	0.413	0.342	0.498	0.342	0.264
26	0.547	0.404	0.335	0.487	0.335	0.258
27	0.535	0.396	0.328	0.477	0.328	0.253
28	0.524	0.388	0.322	0.467	0.322	0.248
29	0.513	0.380	0.316	0.458	0.316	0.244
30	0.503	0.373	0.310	0.449	0.310	0.239
40	0.428	0.320	0.266	0.383	0.266	0.206
50	0.380	0.284	0.237	0.340	0.237	0.184
60	0.344	0.258	0.216	0.308	0.216	0.167
70	0.318	0.238	0.199	0.285	0.199	0.155
80	0.297	0.223	0.186	0.266	0.186	0.145
90	0.278	0.209	0.175	0.249	0.175	0.136
100	0.263	0.198	0.166	0.236	0.166	0.129

【例题2-21】 见模块3表3-7,计算一个评定路段厚度测试值的代表值(单侧检验)。

单元2.6 可疑数据的取舍方法

一、概述

在一组条件完全相同的重复试验中，个别的测量值可能会出现异常。如测量值过大或过小，这些过大或过小的数据是不正常的，或称为可疑数据。因此，在进行数据分析之前，应用数理统计法判别其真伪，并决定取舍。常用方法有拉依达法、肖维纳特法、格拉布斯法等。以下仅介绍拉依达法。

二、拉依达法

拉依达法是指当试验次数较多时，可简单地用3倍标准差（3S）作为确定可疑数据取舍的标准，故拉依达法亦称3倍标准偏差法，简称3S法。当某一测量数据 x_i 与其测量结果的算术平均值 $\bar{x}$ 之差大于3倍标准偏差时，则该测量数据应舍弃。用公式表示为：

$$|x_i - \bar{x}| > 3S \tag{2-8}$$

取 3S 的理由是：根据随机变量的正态分布规律，在多次试验中，测量值落在 $\bar{x} - 3S$ 与 $\bar{x} + 3S$ 之间的概率为99.73%，出现在此范围之外的概率为0.27%。也就是在近400次试验中才能遇到一次，这种事件为小概率事件，出现的可能性很小，几乎是不可能。因而，在试验中，一旦出现，就认为该测量数据是不可靠的，应将其舍弃。

另外，当测量值与平均值之差大于2倍标准偏差（即 $|x_i - \bar{x}| > 2S$）时，则该测量值应保留，但需存疑。如发现生产（施工）、试验过程中有可疑的变异时，则该测量值应予舍弃。

【例题2-22】 对某路段路面进行弯沉检测，其测试结果为（$n = 22$）：68、58、62、43、55、56、82、54、56、60、58、56、55、49、50、56、62、58、57、48、61、56（0.01mm），试用3S法对以上数据进行取舍。

解： 分析上述任务中22个测量数据，$x_{\min} = 43（0.01mm）$ 和 $x_{\max} = 82（0.01mm）$ 最可疑。故应先判别 $x_{\min}$ 和 $x_{\max}$。

经计算，$\bar{x} = 57.27（0.01mm）$，$S = 7.667（0.01mm）$，由于：

$$|x_{\max} - \bar{x}| = |82 - 57.27| = 24.73 > 3S = 23.001$$
$$|x_{\min} - \bar{x}| = |43 - 57.27| = 14.27 < 3S = 23.001$$

因最大值82已经超过平均值的3倍标准偏差，应予舍弃，此时还需继续判别第二大值68：

$$|x_{\max} - \bar{x}| = |68 - 57.27| = 10.73 < 3S = 23.001$$

因第二大值68与最小值43均未超过平均值的3倍标准偏差，故上述测量数据中其余数据均不能舍弃。

拉依达法简单方便，不需查表，但要求较宽，当试验检测次数较多或要求不高时可以应用；当试验检测次数较少时（如 $n < 10$），在一组测量值中即使混有异常值，也无法舍弃。

模块小结

（1）取样的位置不应带有任何倾向性,应该根据随机数表确定现场取样的具体位置。随机选点的方法是按数理统计原理在路基路面现场测试时决定测试区间、测试断面、测点位置的方法。

（2）试验数据的记录应如实、全面,修改时应正确画改;严格遵守试验数据修约原则和法定计量单位制度。

（3）工程质量数据的统计特征量分为两类:一类是表示统计数据的规律性,主要有算术平均值、中位数、加权平均值等;另一类表示统计数据的差异性,即工程质量的波动性,主要有极差、标准偏差、变异系数等。

（4）正态分布是应用最多、最广泛的一种概率分布,而且是其他概率分布的基础。正态分布适用于样本较大的统计数据,对小样本统计数据,无法应用正态分布的理论来直接处理,需要用类似正态分布的 t 分布。当试验次数较多时,可简单地用 3 倍标准差($3S$)作为确定可疑数据取舍的标准。

自我检测

1. 何谓总体、样本?

2. 简述路基路面现场测试随机选点方法。

3. 质量数据的统计特征量有哪些?

4. 请修约以下数据:

15.3528(保留两位小数);125.555(保留整数);15.7546(保留一位小数);19.9998(保留两位小数);10.050001(保留一位小数);16.6875(保留三位小数);9.45(保留一位小数);10.35(保留一位小数)。

5. 某路段沥青混凝土面层抗滑性能检测,摩擦系数的检测值(共 10 个测点)分别为 58、56、60、53、48、54、50、61、57、55,求摩擦系数的平均值、中位数、极差、标准偏差、变异系数。

模块 3 ▶▶▶▶
路基路面几何尺寸及路面结构层厚度检测

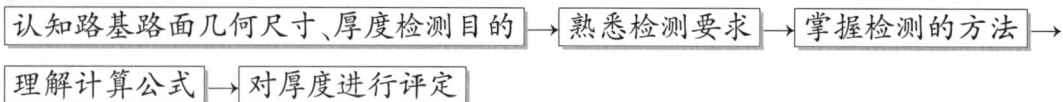

单元 3.1　路基路面几何尺寸检测

一、路基路面几何尺寸检测的目的

路基路面几何尺寸检测工作是公路工程施工技术管理的一个重要组成部分,也是公路工程施工质量控制和竣工验收评定工作中不可缺少的一个主要环节。按照《公路工程质量检验评定标准　第一册　土建工程》(JTG F80/1—2017),质量评定单元的定量指标检测主要包括内在质量和外形检测两个方面,路基路面内在质量检测指标主要是压实度、弯沉及强度等,外形检测指标包括中线平面偏位、纵断高程、宽度、厚度及横坡等。外形检测指标对于质量评定的重要性与内在质量检测指标相近,在公路工程质量检测中占有重要地位。

几何尺寸检测是指对路基路面平面、纵断面和横断面几何尺寸的测量、检查及评定,应贯穿于公路施工的整个过程,以保证路基路面结构物从设计转为实体工程过程中,平面位置、高程及其他尺寸满足设计、规范及合同规定的各项要求。

二、几何尺寸的检测要求

几种常见结构层的几何尺寸的检测要求列于表3-1中,其他结构层检测项目要求见《公路工程质量检验评定标准 第一册 土建工程》(JTG F80/1—2017)。

几何尺寸的检测要求   表3-1

结构名称	检查项目	规定值或容许偏差		检查方法和频率
		高速公路、一级公路	其他公路	
土方路基	纵断高程(mm)	+10,-15	+10,-20	水准仪:中线位置每200m测2点
	中线偏位(mm)	50	100	全站仪:每200m测2点,弯道加HY、YH两点
	宽度(mm)	满足设计要求		尺量:每200m测4点
	横坡(%)	±0.3	±0.5	水准仪:每200m测2个断面
	边坡	满足设计要求		尺量:每200m测4点
水泥混凝土面层	纵断高程(mm)	±10	±15	水准仪:每200m测2个断面
	中线平面偏位(mm)	20		全站仪:每200m测4个点
	路面宽度(mm)	±20		尺量:每200m测4点
	横坡(%)	±0.15	±0.25	水准仪:每200m测2个断面
沥青混凝土面层	纵断高程(mm)	±15	±20	水准仪:每200m测2个断面
	中线平面偏位(mm)	20	30	全站仪:每200m测2点
	宽度(mm) 有侧石	±20	±30	尺量:每200m测4个断面
	宽度(mm) 无侧石	不小于设计值		
	横坡(%)	±0.3	±0.5	水准仪:每200m测2个断面

三、几何尺寸的检测方法

1.概述

路基路面几何尺寸测试按《公路路基路面现场测试规程》(JTG 3450—2019)T 0911—2019规定的路基路面几何尺寸测试方法进行。现以某路段高速公路沥青混凝土路面为例,桩号K73+300~K73+800,分别介绍路基路面宽度、中线偏位、纵断面高程、路面横坡、路基边坡等的检测方法及计算结果。

根据表3-1中各结构层的检查方法和频率,采用测量仪器进行几何尺寸检测,按照《公路工程质量检验评定标准 第一册 土建工程》(JTG F80/1—2017)规定,计算一个评定路段内测试值的平均值、标准差、变异系数,但加宽及超高部分的测试值不参加计算。结果中注明不符合规范要求的断面。

2. 仪具与材料技术要求

(1)钢卷尺、钢直尺:分度值不大于1mm。

(2)塞尺:分度值不大于0.5mm。

(3)经纬仪、水准仪或全站仪。

经纬仪:精度DJ2。

水准仪:精度DS3。

全站仪:测角精度2″,测距精度$[2mm+2\times10^{-2}s(s$为测距$)]$。

(4)水平尺:金属材料制成,基准面应平直,长度不小于600mm且不大于2000mm。

(5)坡度测量仪:分度值1°。

(6)尼龙线:直径不大于0.5mm。

3. 准备工作

(1)确认路基或路面上已恢复的桩号。

(2)按本教材单元2.2"现场抽样"中T 0902—2019选点方法,在一个测试路段内选取测试的断面(接缝)位置并做上标记。宜将路基路面宽度、横坡、高程、中线偏位选取在同一断面位置,且宜在整米桩号上测试。

(3)根据道路设计的要求,确定路基路面横断面各部分的边界位置并做好标记。

(4)根据道路设计的要求,确定设计高程的纵断面位置并做好标记。

(5)根据道路设计的要求,在与中线垂直的横断面上确定成型后路面的实际中线位置并做好标记。

(6)当采用全站仪测量边坡坡度时,根据道路设计的要求,确定路基边坡的坡顶、坡脚位置并做好标记。

4. 路基路面宽度的检测

(1)检测方法与步骤

路基宽度是指行车道与路肩宽度之和,以m计;路面宽度包括行车道、路缘带、变速车道、爬坡车道、硬路肩和紧急停车带的宽度,以m计。其检测方法如下:

用钢卷尺沿中心线垂直方向水平量取路基路面各部分的宽度B_1,以m计,准确至0.001m。测量时钢卷尺应保持水平,不得将尺紧贴路面量取,也不得使用皮尺(图3-1)。

(2)计算

各测试断面的实测宽度B_{1i}与设计宽度B_{oi}之差ΔB_i见式(3-1)。

$$\Delta B_i = B_{1i} - B_{oi} \qquad (3-1)$$

式中:ΔB_i——第i行断面的宽度偏差(m);

B_{1i}——第i行断面的实测宽度(m);

B_{oi}——第i行断面的设计宽度(m)。

图3-1 量取路基路面各部分的宽度

（3）检测结果

路面宽度检测结果见表3-2,按照宽度的允许偏差进行评定。

路面宽度检测记录计算表 表 3-2

抽检段落:K73 +300 ~ K73 +800 施工单位:

桩号	设计(m)		实测(m)		偏差	
	左	右	左	右	左	右
K73 +300		11.25		11.268		0.018
K73 +350		11.25		11.270		0.020
K73 +400		11.25		11.268		0.018
K73 +450		11.25		11.270		0.020
K73 +500		11.25		11.240		−0.010
K73 +550		11.25		11.268		0.018
K73 +600		11.25		11.262		0.012
K73 +650		11.25		11.265		0.015
K73 +700		11.25		11.268		0.018
K73 +750		11.25		11.243		−0.007
K73 +800		11.25		11.243		−0.007
统计	测点数	合格点数	不合格点数	合格率	允许偏差	
	11	8	3	72.73%	不小于设计值	

检测: 年 月 日 复核: 年 月 日

5.中线偏位的检测

（1）检测方法与步骤

路面中线偏位是指路面实际中心线偏离设计中心线的距离,以 mm 计。

①对有中线坐标的道路:根据待测点 P 的施工桩号,在道路上标记 P 点,从设计资料中查出该点的设计坐标,用经纬仪(全站仪)对该设计坐标进行放样,并在放样点 P' 做好标记,量取 PP' 的长度,即为中线偏位 Δ_{CL},以 mm 计,准确至1mm。

【想一想】 是用设计坐标放样 P' 点,与路面实际中点 P 之间直接用钢卷尺量距离;还是测出路面实际中点 P 点的坐标与设计中点 P' 坐标,采用公式计算 PP' 间距。两种方法中,哪一种方法正确?

②对无中线坐标的道路:根据待测点 P 的施工桩号,在道路上标记 P 点,由设计资料计算出该点的设计坐标,用经纬仪(全站仪)对该坐标进行放样,并在放样点 P' 做好标记,量取 PP' 的长度,即为中线偏位 Δ_{CL},以 mm 计,准确至1mm。

（2）检测结果

路面中线偏位检测结果见表3-3,并按照中线偏位的允许偏差进行评定。

路面中线偏位检测记录计算表

表 3-3

抽检段落：K73 + 300 ~ K73 + 800　　　　施工单位：

抽检桩号	偏位 Δ_{CL}（mm）	超过允许偏差（mm）
K73 + 300	12	—
K73 + 400	17	—
K73 + 500	25	5
K73 + 600	22	2
K73 + 700	16	—
K73 + 800	18	—
统计	测点数	合格点数	不合格点数	合格率	允许偏差
	6	4	2	66.67%	20mm

检测：　　　　　　年　月　日　　复核：　　　　　　年　月　日

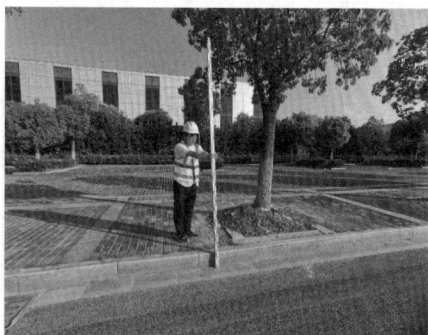

图 3-2　水准塔尺竖立位置

6. 纵断面高程的检测

（1）检测方法与步骤

①在路面平顺处架设水准仪并调平,将水准尺竖立在设计高程的纵断面位置上（图3-2）,以路线附近的水准点高程为基准,测量高程并记录读数 H_1,以 m 计,准确至 0.001m。

②连续测量全部测点,并与水准点闭合,闭合差应达到三等水准测量要求。

（2）计算

各测点的实测高程 H_{1i} 与设计高程 H_{oi} 之差按式（3-2）计算。

$$\Delta H_i = H_{1i} - H_{oi}$$ (3-2)

式中：ΔH_i——第 i 个断面的纵断面高程偏差（m）；

H_{1i}——第 i 个断面的纵断面实测高程（m）；

H_{oi}——第 i 断面的纵断面设计高程（m）。

（3）检测结果

纵断面高程检测结果见表3-4,按照纵断高程的允许偏差进行评定。

纵断面高程检测记录计算表

表 3-4

抽检段落：K73 + 300 ~ K73 + 800　　　　施工单位：

桩号	左1.5m中桩				右1.5m中桩				备注
	设计（m）	实测（m）	偏差（m）	超过允许偏差（mm）	设计（m）	实测（m）	偏差（m）	超过允许偏差（mm）	
K73 + 300	93.163	93.173	0.010						
K73 + 350	92.506	92.521	0.015						

桩号	左1.5m中桩				右1.5m中桩				备注
	设计(m)	实测(m)	偏差(m)	超过允许偏差(mm)	设计(m)	实测(m)	偏差(m)	超过允许偏差(mm)	
K73+400	91.891	91.903	0.012						
K73+450	91.325	91.314	−0.011						
K73+500	90.809	90.791	−0.018	3					
K73+550	90.343	90.323	−0.020	5					
K73+600	89.927	89.919	−0.008						
K73+650	89.527	89.515	−0.012						
K73+700	89.127	89.141	0.014						
K73+750	88.727	88.738	0.011						
K73+800	88.327	88.337	0.010						
统计	测点数		合格点数		不合格点数		合格率		允许偏差
	11		9		2		81.8%		+15,−15

检测:　　　　　　　　年　月　日　　复核:　　　　　　　　年　月　日

7. 路面横坡的检测

(1)检测方法与步骤

横坡是路面横断面上路拱与中央分隔带两侧直线部分的坡度,以百分比表示。横坡检测时,可与宽度和高程的检测同时进行,根据两点间的实测宽度和高差,计算其实际横坡,并对横坡的实测值和设计值进行比较和评定。其测试方法如下:

①对设有中央分隔带的路面:将水准仪(全站仪)架设在路基路面平顺处并调平,将水准尺分别竖立在路面与中央分隔带分界的路缘带边缘 d_1 处(或路基顶面相应位置)及路面与路肩交界位置或外侧路缘石边缘(或路基顶面相应位置)d_2 处(图3-3),d_1 和 d_2 两测点必须在同一横断面上。测量 d_1 和 d_2 处的高程,记录高程读数,以m计,准确至0.001m。

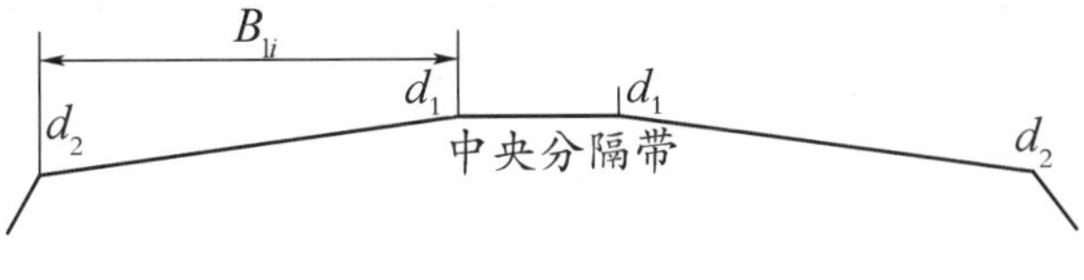

图3-3 设有中央分隔带时横坡测点示意图

②对无中央分隔带的路面:将水准仪(全站仪)架设在路基路面平顺处并调平,将水准尺分别竖立在道路中心 d_1 处(或路基顶面相应位置)及路面与路肩交界位置或外侧路缘石边缘(或路基顶面相应位置)d_2 处(图3-4),d_1 和 d_2 两测点必须在同一横断面上。测量 d_1 与 d_2 处的高程,记录高程读数,以m计,准确至0.001m。

③用钢卷尺测量两测点的水平距离 B_{1i},以m计,准确至0.005m。

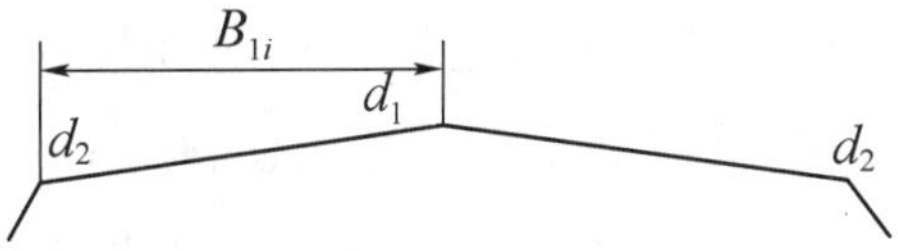

图3-4 无中央分隔带时横坡测点示意图

（2）计算

按式(3-3)计算，各测试断面的横坡 i_{1i}。按式(3-4)计算实测横坡 i_{1i} 与设计横坡 i_{0i} 之差 Δi_i，结果准确至 0.01%。

$$i_{1i} = \frac{d_{1i} - d_{2i}}{B_{1i}} \times 100 \tag{3-3}$$

$$\Delta i_i = i_{1i} - i_{oi} \tag{3-4}$$

式中：i_{1i}——第 i 个断面的横坡(%)；

d_{1i} 及 d_{2i}——第 i 个断面测点 d_{1i} 及 d_{2i} 处的高程读数(m)；

B_{1i}——第 i 个断面测点 d_{1i} 与 d_{2i} 之间的水平距离(m)；

Δi_i——第 i 个断面的横坡偏差(%)；

i_{oi}——第 i 个断面的设计横坡(%)。

（3）检测结果

路面横坡检测结果见表3-5，按照横坡的允许偏差进行评定。

路面横坡检测记录计算表　　　　　　　　表 3-5

抽检段落：K73 + 300 ~ K73 + 800　　　　施工单位：

桩号	设计横坡(%)		实测横坡(%)		偏差(%)	
	左	右	左	右	左	右
K73 + 300	− 2.00		− 1.90		0.10	
K73 + 400	− 2.00		− 1.85		0.15	
K73 + 500	− 2.00		− 1.78		0.22	
K73 + 600	− 1.19		− 1.07		0.12	
K73 + 700	2.00		2.35		0.35	
K73 + 800	2.00		2.11		0.11	
统计	测点数	合格点数	不合格点数	合格率	允许偏差	
	6	5	1	83.33%	±0.3%	

检测：　　　　　　　年　月　日　　复核：　　　　　　年　月　日

8. 路基边坡的检测

路基边坡坡度指边坡的高与底边宽度之比，通常以 1 : m 的形式表示，如图 3-5 所示。路基边坡坡度是影响路基稳定的重要因素。

（1）检测方法与步骤

①全站仪法。将全站仪架设在路基路面平顺处调平，在同一横断面上选择坡顶 a、坡脚 b 两测点，分别测量其相对高程并记录读数 H_a、H_b，同时测量并记录两点间的水平距离 L，测量结果以 m 计，准确至 0.001m。

②坡度测量仪法。将坡度测量仪（图3-6）的测试面垂直于路中线放在待测边坡上，旋转刻度盘，将水平气泡调到水平位置，刻度盘上的刻度值即为路基边坡坡度，读取并记录，保留两位小数。

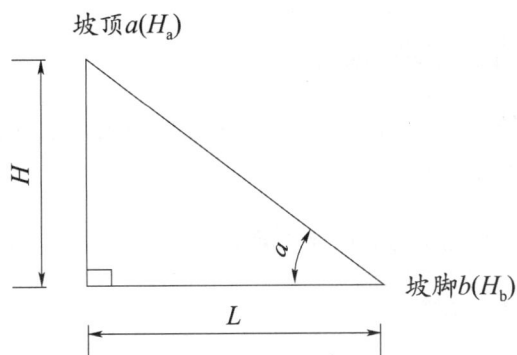

图 3-5　路基边坡各部分位置示意图

图 3-6　坡度测量仪

（2）计算

全站仪法采用式(3-5)、式(3-6)计算路基边坡坡度。

$$H_i = H_{ai} - H_{bi} \tag{3-5}$$

$$m_i = L_i / H_i \tag{3-6}$$

式中：H_i——第 i 个断面坡顶、坡脚测点的高差即垂直距离(m)；

H_{ai}、H_{bi}——第 i 个断面坡顶、坡脚测点的相对高程读数(m)；

m_i——第 i 个断面的坡度值，路面坡度以 $1:m_i$ 表示；

L_i——第 i 个断面坡顶、坡脚测点的水平距离(m)。

四、注意事项

（1）测量时量尺应保持水平，不得将尺紧贴路面量取，也不得使用皮尺。

（2）进行中线偏位检测，在横断面上确定实际中点位置时，应保证该横断面与中线垂直。

（3）测试横坡时，d_1 和 d_2 测点必须在同一横断面上。

单元3.2　路面结构层厚度检测

一、路面厚度检测意义及检测方法

在路面工程中，各结构层的厚度与道路的整体强度密切相关，而且严格控制各结构层的厚度，能确保最终路面高程达到预期的要求，所以厚度是一个非常重要的质量指标。《公路工程质量检验评定标准　第一册　土建工程》(JTG F80/1—2017)中，路面各个层次厚度均为关键项目。路面各层施工完成后及工程交工验收时，必须对路面结构层厚度进行检测。

路面各结构层厚度的检测一般与压实度检测同时进行。当用灌砂法进行压实度检测时，可量取挖坑灌砂深度即为路面结构层厚度。当用钻芯取样法检测压实度时，可直接量取芯样的高度。路面结构层厚度也可以采用水准仪测量法求得，即在同一测点量出结构层底面及顶面的高程，然后求其差值。这种方法无须破坏路面，测试精度高。另外，国内外还有用雷达、超声波等方法检测路面结构层厚度，这里不再叙述。

路面各结构层厚度的检测方法与结构层的层位和种类有关。对于基层或砾石路面的厚度，可用挖坑法测试；对于沥青面层或水泥混凝土路面板的厚度，应用钻孔法测试。

二、路面结构层厚度的代表值与极值的允许偏差

按《公路工程质量检验评定标准　第一册　土建工程》（JTG F80/1—2017），几种路面结构层厚度的代表值与极值的允许偏差列于表3-6中。

几种路面结构层厚度的代表值与极值的允许偏差　　　　　　　　表3-6

类型与层位	检查项目		规定值或允许偏差		检查方法和频率
			高级公路、一级公路	其他公路	
水泥混凝土面层	板厚度（mm）	代表值	−5		每200m测2点
		合格值	−10		
		极值	−15		
沥青混凝土面层	厚度（mm）	代表值	总厚度：−5%H 上面层：−10%H	−8%H	每200m测1点
		合格值	总厚度：−10%H 上面层：−20%H	−15%H	
稳定土基层	厚度（mm）	代表值	—	−10	每200m测2点
		合格值	—	−20	
稳定土底基层	厚度（mm）	代表值	−10	−12	每200m测2点
		合格值	−25	−30	
稳定粒料基层	厚度（mm）	代表值	−8	−10	每200m测2点
		合格值	−10	−20	
稳定粒料底基层	厚度（mm）	代表值	−10	−12	每200m测2点
		合格值	−25	−30	

三、路面结构层厚度检测方法

1. 概述

路面结构层厚度测试按《公路路基路面现场测试规程》（JTG 3450—2019）T0912—2019规定的挖坑法和钻芯法进行。例如，某段高速公路路面基层为水泥稳定粒料结构层，K73+000～K74+840段基层施工完毕后，必须对其厚度进行检测，确保厚度满足表3-6要求，方可进行下一层施工。

对于水泥稳定粒料基层刚施工成型时，结构层未达到终凝状态，或者对于砂石路面也可采用挖坑法测试其结构层厚度（可与压实度同时进行测试），方法简便，测试快捷；对于沥青路面及水泥混凝土路面板的厚度应用钻芯法测试，水泥稳定粒料基层硬化后，无法进行挖坑检测时，也应采用钻芯法测试芯样厚度。

2. 仪具与材料技术要求

（1）挖坑用的镐、铲、凿子、锤子、小铲、毛刷。

（2）路面取芯机:手推式或车载式,配有淋水冷却装置。钻头的标准直径为 $\phi100mm$,如芯样仅供测量厚度,不做其他试验时,对沥青面层与水泥混凝土板也可用直径 $\phi50mm$ 的钻头;对基层材料有可能损坏试件时,也可用直径 $\phi150mm$ 的钻头,但钻孔深度均必须达到层厚。

（3）量尺:钢直尺、游标卡尺,分度值不大于 1mm。

（4）其他:直尺、搪瓷盘、棉纱等。

3. 准备工作

（1）按照本教材单元 2.2"现场抽样"中 T0902—2019 选点方法,确定挖坑测试或钻芯取样的位置。如为既有道路,应避开坑洞等显著缺陷或接缝位置。

（2）在所选择试验地点,选一块约 $40cm \times 40cm$ 的平坦表面作为试验地点,用毛刷将其清扫干净。

4. 挖坑法检测路面厚度

（1）根据材料坚硬程度,选镐、铲、凿子等合适的工具开挖这一层材料,直至层位底面。在便于开挖的前提下,开挖面积应尽量缩小,坑洞大体呈圆形。边开挖边将材料铲出,置于搪瓷盘中。

（2）用毛刷将坑底清扫干净,确认已开挖至下一层的顶面。

（3）将钢直尺平放横跨于坑的两边（图 3-7）,用另一把钢尺或卡尺等量具在坑的中部位置垂直伸至坑底,测量坑底至钢直尺下缘的距离,即为检查层的厚度 T_1,以 mm 计,准确至 1mm。

5. 钻芯法检测路面厚度

（1）将取样位置清扫干净,对钻孔位置作出标记或划出切割路面的大致区域。

（2）用取芯机垂直对准路面钻孔位置放下钻头,牢固安放,使其在运转过程中不得移动。

（3）开放冷却水,起动电动机,徐徐压下钻杆,钻取芯样,但不得使劲下压钻头。待钻透全厚后,上抬钻杆,拔出钻头,停止转动,不使芯样受损,取出芯样。沥青混合料芯样及水泥混凝土芯样可用清水漂洗干净备用。取芯机钻孔如图 3-8 所示。

图 3-7　测量检查层厚度

图 3-8　取芯机钻孔

（4）芯样的直径符合上述"2. 仪具与材料技术要求"中第（2）条,采取的路面混合料试样应整层取样,试样应完整。

（5）取出完整芯样,找出与下层的分界面。

（6）用钢直尺或游标卡尺沿芯样圆周对称的十字方向量取表面至分界面的高度,共 4

处,取其平均值,即为该层的厚度 T_1,以 mm 计,准确至1mm。

(7)清理干净坑中残留物,用棉纱等吸干钻孔时留下的积水,待干燥后采用同类型材料填补压实。

四、路面结构层厚度的评定

路面结构层厚度是关系质量和造价的重要指标,考虑正常施工条件下的厚度偏差情况,对路段内路面结构层厚度按代表值和单个合格值的允许偏差进行评定。

厚度代表值为厚度的算术平均值的下置信界限值,按式(3-7)计算。

$$X_L = \overline{X} - \frac{t_\alpha}{\sqrt{n}}S \tag{3-7}$$

式中:X_L——厚度代表值(算术平均值的下置信界限);

$\overline{X}$——厚度平均值;

S——标准差;

n——检测数量;

t_α——t 分布表中随测点和保证率(或置信度 α)而变的系数,查单元2.5中表2-8可得 $t_\alpha/\sqrt{n}$ 值。

采用保证率如下:

高速公路、一级公路:基层、底基层为99%,面层为95%;

其他公路:基层、底基层为95%,面层为90%。

当厚度代表值大于或等于设计厚度减去代表值允许偏差时,则按单个检查值的偏差不超过单点合格值来计算合格率;当厚度代表值小于设计厚度减去代表值允许偏差时,该评定路段厚度不合格,相应分项工程评为不合格。

沥青面层宜按沥青铺筑层总厚度进行评定,高速公路和一级公路分 2 ~ 3 层铺筑时,还应进行上面层厚度检查和评定。

五、报告

某段高速公路路面水泥稳定粒料结构层厚度检测结果见表3-7。

路面基层厚度检测记录计算表   表3-7

抽检桩号:K73 + 000 ~ K75 + 000　　　　　施工单位:

名称	水泥稳定碎石基层		起止桩号	K73 + 000 ~ K75 + 000(右幅)	
测试方式及工具名称:钻芯法					
桩号	距中桩距离 (m)	厚度(mm)	桩号	距中桩距离 (m)	厚度(mm)
K73 + 000	1	203	K73 + 240	1	200
K73 + 080	6	205	K73 + 320	6	203
K73 + 160	12.25	205	K73 + 400	12.25	200

续上表

桩号	距中桩距离（m）	厚度（mm）	桩号	距中桩距离（m）	厚度（mm）
K73 + 480	1	201	K74 + 280	6	205
K73 + 560	6	204	K74 + 360	12.25	204
K73 + 640	12.25	200	K74 + 440	1	200
K73 + 720	1	205	K74 + 520	6	205
K73 + 800	6	203	K74 + 600	12.25	199
K73 + 880	12.25	201	K74 + 680	1	198
K73 + 960	1	203	K74 + 760	6	196
K74 + 040	6	205	K74 + 840	12.25	195
K74 + 120	12.25	203	K74 + 920	1	201
K74 + 200	1	201	K75 + 000	6	196

设计厚度:200mm   查表3-6,代表值允许偏差: - 8mm   合格值允许偏差: -10mm
$n = 26$ $\overline{X} = 201.58$ $S = 3.02$ $t_\alpha/\sqrt{n} = 0.487$(根据 $n = 26$、$\alpha = 99\%$,查表2-8得)
$X_L = \overline{X} - S \times (t_\alpha/\sqrt{n}) = 200.11 > 192mm$ 低于合格值190mm 的点数 $n = 0$ 合格率100%
结论:该路段的路面基层厚度合格

检测:　　　　　　　年 月 日　　复核:　　　　　　　年 月 日

六、注意事项

（1）挖坑法测量结构层厚度时,必须用两把卡尺做成十字形准确测量,忌用一把尺子测量。

（2）当用钻芯法不能取出完整的芯样时,芯样的厚度不能代表结构层厚度,而必须按挖坑法测量其厚度。

（3）当用钻芯法同时取出几层芯样时,各层的分界面应仔细界定,仔细切割,并标识清楚层次桩号等,以免混淆。

（4）每个芯样厚度应取4处测量值的平均值。

🔑 模块小结

（1）路基路面几何尺寸检测指标包括路面宽度、纵断高程、中线偏位、宽度、横坡、边坡等。

（2）路面各层施工完成后及工程交工验收检查使用时,必须对路面结构层厚度进行检测。路面各结构层厚度的检测一般与压实度同时进行,当用灌砂法进行压实度检测时,可量取挖坑灌砂深度即为结构层厚度。当用钻芯取样法检测压实度时,可直接量取芯样的高度。

（3）路段内路面结构层厚度按代表值和单个合格值的允许偏差进行评定。厚度代表值为厚度的算术平均值的下置信界限值。

自我检测

1.简述路基路面几何尺寸的检测目的。

2.中线偏位、纵断面高程的检测包括哪些内容？简述其检测方法。

3.路基路面宽度检测的内容有哪些？其检测的步骤和方法是什么？

4.路面结构层厚度的检测方法有哪些？

5.某路段水泥混凝土上路面板厚度检测数据如表 3-8 所示。保证率 95%,设计厚度 $H_d = 25cm$,代表值允许偏差为 −5mm,合格值允许偏差为 −10mm,试对该路段的板厚进行评价。

水泥混凝土路面板厚度检测结果（cm）　　　　表 3-8

序号	1	2	3	4	5	6	7	8	9	10	11	12	13	14	15
厚度	25.0	24.9	25.1	24.6	24.7	25.4	25.2	25.3	24.7	24.8	24.9	24.8	25.3	25.3	25.2
序号	16	17	18	19	20	21	22	23	24	25	26	27	28	29	30
厚度	25.1	25.1	24.8	25.0	25.2	24.7	24.9	25.0	25.4	25.2	25.1	25.0	25.0	25.5	25.4

模块 4
路基路面压实度检测

学习目标

1. 了解压实度的定义及计算公式,能分析影响压实度的因素;
2. 了解标准密度的确定方法;
3. 能描述路基路面压实度检测方法的原理、特点及适用范围;
4. 能采用环刀法测试压实度;
5. 能采用灌砂法测试压实度;
6. 能采用钻芯法测试压实度;
7. 能计算与评定压实度。

学习任务

公路路基路面每一层碾压完毕后,进行下一层施工前必须确认该层路基或路面压实度是否达到要求。路基路面现场测试压实度常用的方法有环刀法、灌砂法、钻芯法等。

学习指南

应先理解压实度的概念,明确对于不同结构层其标准密度的确定方法是不一样的。测试压实度的方法有环刀法、灌砂法、核子密度仪法和钻芯法等,其中环刀法、钻芯法测试方法直观易懂,而灌砂法的测试原理、测试步骤较为复杂。

本模块基于压实度检测的工作过程来编写,学生应沿着如下流程进行学习:

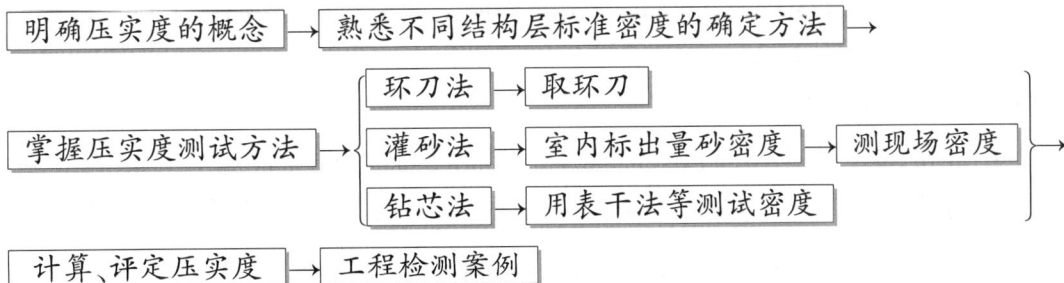

明确压实度的概念 → 熟悉不同结构层标准密度的确定方法 →

掌握压实度测试方法 →
- 环刀法 → 取环刀
- 灌砂法 → 室内标出量砂密度 → 测现场密度
- 钻芯法 → 用表干法等测试密度

→

计算、评定压实度 → 工程检测案例

单元 4.1　压实度与标准密度

一、压实度的定义及计算公式

路基、路面压实质量是公路工程施工质量管理最重要的内在指标之一,它表征现场压实后材料的密度状况,通常用压实度来衡量现场压实的质量。压实度是指筑路材料压实后的密度与标准密度之比,用百分数表示。压实度越高,密度越大,材料整体性能越好。大量的工程实践表明,只有对路基、路面结构层进行充分压实,才能保证路基、路面的强度、刚度及路面的平整度,并保证其使用质量;若压实不足,则路面容易产生车辙、裂缝、沉陷及剪切破坏。因此,碾压成为路基路面施工质量控制的关键工序。

路基、路面基层的压实度是指工地实际测得的干密度与室内标准试验所得的最大干密度的比值,用百分数表示;沥青类路面的压实度是指现场实际达到的密度与标准密度的比值,用百分数表示。压实度计算公式见式(4-1)。

$$K = \frac{\rho_d}{\rho_c} \times 100 \tag{4-1}$$

式中:K——测试地点的压实度(%);

ρ_d——试样的干密度(g/cm^3);

ρ_c——室内标准试验得到的试样的最大干密度或其他标准密度(g/cm^3)。

二、影响压实度的因素

在施工现场碾压细粒土路基时,影响压实度的因素主要有含水率、碾压层厚度、压实机械类型、碾压遍数、地基强度等。

三、标准密度(最大干密度)的确定

室内试验得出的标准密度(最大干密度)是压实度评定的基准值,路面结构层不同,对应的标准密度也不同。路基和路面基层的压实度以室内击实试验或(表面)振动压实试验等标准试验得出的最大干密度为标准密度,沥青类路面面层则按《沥青路面施工技术规范》(JTG F40—2004)附录 E 的规定来确定。

1. 路基土最大干密度的确定

根据土的性质、颗粒大小不同,确定其最大干密度的方法也有区别。例如,确定路基土最大干密度的方法主要有击实法和表面振动压实仪法。各方法的适用范围见表4-1。

路基土最大干密度试验方法及适用范围比较　　　　　　表4-1

试验方法	适用范围	土的粒组
(轻型、重型)击实法	小试筒适用于粒径不大于20mm 的土;大试筒适用于粒径不大于40mm 的土	细粒土

续上表

试验方法	适用范围	土的粒组
表面振动压实仪法	①适用于通过 0.075mm 标准筛的干颗粒质量百分数不大于 15% 的无黏性自由排水粗粒土和巨粒土。 ②对于最大颗粒大于 60mm 的巨粒土,因受试筒容许最大粒径的限制,宜按相似级配法的规定处理	粗粒土、巨粒土

　　击实法适用于细粒土,通过试验得出击实曲线,从而确定最佳含水率和最大干密度,是确定路基土最大干密度的主要方法。击实法由于击实功不同,可以分为重型和轻型击实法,两个试验方法的原理和基本规律相似,但重型击实法的击实功提高了 4.5 倍。击实法中按采集土样的含水率,分为干土法和湿土法;按土能否重复使用,也分为两种,即土能重复使用和不能重复使用。选择时应根据工程的具体要求,按击实法的规定,选择轻型或重型击实法。根据土的性质选用干土法或湿土法,高含水率土宜选用湿土法,低含水率土则选用干土法,除易击碎的试样外,试样可以重复使用。

　　表面振动压实仪法适用于粗粒土和巨粒土。试验设备简单,操作相对容易,其振动作用自土体表面垂直向下传递,更接近于现场振动碾压的实际情况。

　　国内外研究结果表明,对于砂、卵石、漂石及堆石料等无黏聚性自由排水土而言,一致公认采用表面振动压实仪法而不是普通击实法。因此,建议采用表面振动压实仪法测试无黏聚性自由排水土的最大干密度。

　　各试验方法的仪器设备、试验步骤等详见《公路土工试验规程》(JTG 3430—2020)。

　　2.路面基层材料标准密度(最大干密度)的确定

　　常见的路面基层材料有半刚性稳定土基层及稳定粒料基层。半刚性基层材料按照《公路工程无机结合料稳定材料试验规程》(JTG E51—2009)执行,一般用标准击实法确定。但当粒料含量高(50%以上)时,击实法得出的最大干密度并不标准,此时应采用更为科学的理论计算法或振动压实法作为标准密度的确定方法。一般来说,振动压实试验确定的最佳含水率小于击实试验确定的最佳含水率,最大干密度大于击实试验确定的最大干密度。

　　3.沥青混合料标准密度的确定

　　沥青混合料标准密度,按《公路沥青路面施工技术规范》(JTG F40—2004)附录 E 的规定,有三种:一是当天的马歇尔试验的试件密度;二是试验路段的密度;三是每天实测的最大理论密度。在进行混合料的密度试验时,可根据表 4-2 的适用范围选用合适的方法,具体试验见《公路工程沥青及沥青混合料试验规程》(JTJ E20—2011)。在进行压实度计算时,可根据实际需要选用其中 1~2 种作为钻孔法检测压实度的标准密度。

压实沥青混合料密度试验方法及适用范围比较

表 4-2

试验方法	适用范围
水中重法	适用于吸水率小于 0.5% 的密实沥青混合料试件
表干法	适用于吸水率不大于 2% 的各种沥青混合料试件

续上表

试验方法	适用范围
蜡封法	适用于吸水率大于2%的沥青混凝土试件或沥青碎石混合料试件
体积法	适用于空隙率较大的沥青碎石混合料及大空隙透水性开级配沥青混合料试件

四、现场密度试验检测方法

现场密度试验主要检测方法及适用范围见表4-3。本模块介绍环刀法、灌砂法和钻芯法。

现场密度试验主要检测方法及适用范围比较 表4-3

试验方法	适用范围
环刀法	适用于细粒土及无机结合料稳定细粒土的密度测试,但对于无机结合料稳定细粒土,其龄期不宜超过2d,且宜用于施工过程中的压实度检测
灌砂法	适用于在现场测试基层(或底基层)、砂石路面及路基土的各种材料压实层的密度和压实度,但不适用于填石路堤等大孔洞或大孔隙材料的压实度检测
核子密度仪法	适用于现场用核子密度仪以散射法或直接透射法测试路基或路面材料的密度和含水率,并计算施工压实度;适用于施工质量的现场快速评定,不宜用作仲裁试验或评定验收试验
钻芯法	适用于检测从压实的沥青路面上钻取的沥青混合料芯样试件的密实度,以评定沥青面层的施工压实度,同时适用于龄期较长的无机结合料稳定类基层和底基层的密度检测
压实沉降差法	适用于通过测量土石路堤或填石路堤碾压过程中的沉降变化量,结合施工工艺参数,测试土石路堤或填石路堤的压实程度

单元4.2 环刀法测试压实度

一、概述

根据《公路路基路面现场测试规程》(JTG 3450—2019)T 0923—2019 环刀测试压实度方法规定,环刀法适用于现场测试细粒土及龄期不超过2d 的无机结合料稳定细粒土结构的密度,并计算施工压实度,以评价结构层的压实质量。

环刀法测试压实度,首先应现场选点,将取土器(环刀)放置于土基或路面基层材料上进行取样,根据取出试样的质量及环刀体积(已知)计算试样的密度,测试试样的含水率并计算干密度,再根据击实试验得出的最大干密度计算压实度。

二、测试方法与步骤

1.仪具与材料技术要求

(1)人工取土器(图4-1):包括环刀、环盖、定向筒和击实锤系统(导杆、落锤、手柄)。环刀内径 6~8cm, 高 2~5.4cm, 壁厚 1.5~2mm。

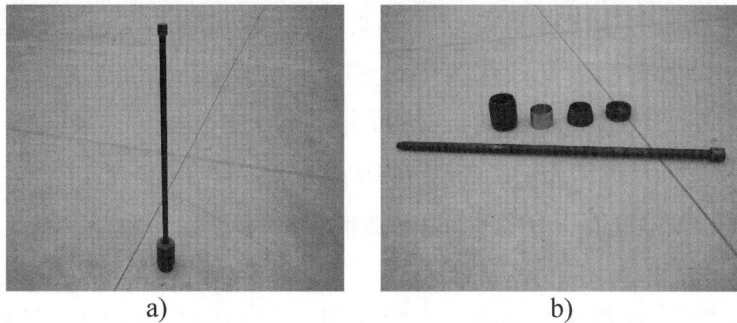

图 4-1　人工取土器

a) 简易人工取土器外观图; b) 人工取土器组成部件

（2）电动取土器（图 4-2）: 由底座、立柱、升降机构、取芯机构、动力和传动机构组成。

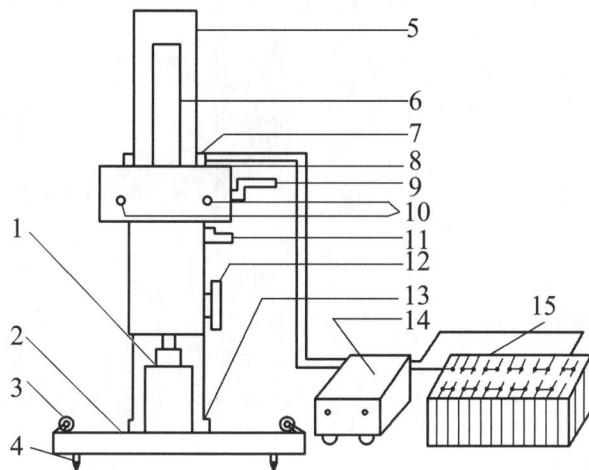

图 4-2　电动取土器

1-取芯头; 2-底座平台; 3-行走轮; 4-定位销; 5-立柱; 6-升降轴; 7-电源输入; 8-直流电动机; 9-升降手柄; 10-电源指示; 11-锁紧手柄; 12-升降手轮; 13-立柱套; 14-调速器; 15-电源

①底座: 由底座平台、定位销、行走轮组成。平台是整个仪器的支承基础; 定位销供操作时仪器定位用; 行走轮供换点取芯时仪器近距离移动用, 当定位时四只轮子可扳起离开地表。

②立柱: 由立柱与立柱套组成, 装在底座平台上, 作为升降机构、取芯机构、动力和传动机构的支架。

③升降机构: 由升降手轮、锁紧手柄组成, 用于调整取芯机构高度。松开锁紧手柄, 转动升降手轮, 取芯机构即可升降, 到所需位置时拧紧手柄定位。

④取芯机构: 由取芯头、升降轴组成, 取芯头为金属圆筒, 下口对称焊接两个合金钢切削刀头, 上端面焊有平盖, 其上焊螺母, 靠螺旋接于升降轴上。取芯头为可换式, 有 50mm × 50mm、70mm × 70mm、100mm × 100mm 三种规格, 另配有相应的取芯套筒、扳手、铝盒等。

⑤动力和传动机构: 主要由直流电动机、调速器、齿轮箱组成。另配蓄电池和充电器。

（3）天平: 感量 0.1g（用于取芯头内径小于 70mm 样品的称量）, 或 1.0g（用于取芯头内径 100mm 样品的称量）。

（4）其他: 镐、小铁锹、修土刀、毛刷、直尺、钢丝锯、凡士林、木板及测定含水率设备等。

2.检测方法与步骤

（1）按有关试验方法对结构层填料进行击实试验,得到最大干密度及最佳含水率。

（2）在现场选取位置相邻的两处作为平行试验的测点。

（3）用人工取土器测试黏性土及无机结合料稳定细粒土密度的步骤如下:

①擦净环刀,称取环刀质量 M_2,准确至 $0.01g$。

②在试验地点,将面积约 $30cm \times 30cm$ 的地面清扫干净,并铲去压实层表面浮动及不平整的部分。

③将定向筒齿钉固定于铲平的地面上,顺次将环刀、环盖放入定向筒内与地面垂直,如图 4-3 所示。

④将导杆保持垂直状态,用取土器落锤将环刀打入压实层中(图 4-4),在施工过程控制或质量评定时,环刀中部处于压实层厚的 1/2 深度;用于其他测试时,可按其要求深度取样。

图 4-3　取土器置于试验地点

图 4-4　锤击导杆将环刀打入土层

⑤去掉击实锤和定向筒,用镐将环刀及试样挖出,如图 4-5 所示。

⑥轻轻取下环盖,用修土刀自边至中削去环刀两端余土,用直尺检测直至修平为止,如图 4-6、图 4-7 所示。

图 4-5　拆下导杆挖出环刀及试样

图 4-6　拆掉套筒及镙口后的试件

⑦擦净环刀外壁,用天平称取环刀与试样合计质量 M_1,准确至 $0.01g$,如图 4-8 所示。

⑧自环刀中取出试样,取具有代表性的试样(不少于 $100g$),测定其含水率 w。

（4）用人工取土器测试砂性土或砂层密度的步骤如下:

①如为湿润的砂土,试验时不宜使用击实锤和定向筒。在铲平的地面上,细心挖出一个

直径较环刀外径略大的砂土柱,将环刀刃口向下,平置于砂土柱上,用两手平稳地将环刀垂直压下,环刀中部处于压实层厚的1/2深度。

图4-7 用修土刀削平环刀两端余土的试件

图4-8 用天平称取环刀及试样质量

②削掉环刀口上多余砂土,并用直尺刮平。

③在环刀上口盖一块平滑的木板,一手按住木板,另一手用小铁锹将试样从环刀底部切断,然后将装满试样的环刀反转过来,削去环刀刃口上部的多余砂土,并用直尺刮平。

④擦净环刀外壁,称取环刀与试样合计质量 M_1,准确至0.01g。

⑤自环刀中取具有代表性的试样(不少于100g),测试其含水率 w。

⑥干燥的砂土不能挖成砂土柱时,可直接将环刀压入或打入土中。

(5)用电动取土器测试无机结合料稳定细粒土和硬塑土密度的步骤如下:

①装上所需规格的取芯头。在施工现场取芯前,选择一块平整的路段,将四只行走轮扳起,四根定位销钉采用人工加压的方法,压入路基土层中,松开锁紧手柄,旋动升降手轮,使取芯头刚好与土层接触,锁紧手柄。

②将蓄电池与调速器接通,调速器的输出端接入取芯机电源插口。指示灯亮,显示电路已通;启动开关,电动机带动取芯机构转动。根据土层含水率调节转速,操作升降手柄,至规定深度上提取芯机构,停机,移开电动取土器。将取芯套筒套在切削好的土芯立柱上,摇动即可取出样品。

③取出样品,立即按取芯套筒长度用修土刀或钢丝锯修平两端,制成所需规格土芯,如拟进行其他试验项目,装入密封盒中,送往试验室备用。

④称量土芯加套筒质量 M_1,从土芯中心部分取试样测试含水率。

3.检测结果计算

(1)按式(4-2)、式(4-3)分别计算试样的湿密度及干密度。

$$\rho = \frac{4 \times (M_1 - M_2)}{\pi d^2 \cdot h} \tag{4-2}$$

$$\rho_d = \frac{\rho}{1 + 0.01w} \tag{4-3}$$

式中:ρ——试样的湿密度(g/cm³);

ρ_d——试样的干密度(g/cm³);

M_1——环刀或取芯套筒与试样合计质量(g);

M_2——环刀或取芯套筒质量(g);

d——环刀或取芯套筒直径(cm);

h——环刀或取芯套筒高度(cm);

w——试样的含水率(%)。

(2)按式(4-4)计算施工压实度。

$$K = \frac{\rho_d}{\rho_c} \times 100 \qquad (4-4)$$

式中:K——测试地点的施工压实度(%);

ρ_d——试样的干密度(g/cm^3);

ρ_c——由室内标准试验得到的试样的最大干密度(g/cm^3)。

(3)本试验须进行两次平行测试,其平行差值若不大于 0.03g/cm^3,取其算术平均值作为测试结果;若大于 0.03g/cm^3,则重新测试。

(4)环刀法压实度试验记录表见表4-4。

土壤压实度(环刀法)试验记录表

表4-4

工程名称: ___排水工程___　　　　　　施工单位:

代表部位:Y3-3 至 Y3-5 右侧雨水管　　　　击实种类:重型击实
10% 石灰土垫层第二层　　　　　　　　试验日期:

取样位置		K3 +090		K3 +120	
土样种类		10% 石灰土			
湿密度	环刀号	06		03	
	环刀 + 土质量(g)	564.17		557.02	
	环刀质量(g)	180.4		175.7	
	土质量(g)	383.77		381.32	
	环刀容积(cm^3)	195.8		192.5	
	湿密度(g/cm^3)	1.96		1.98	
干密度	盒号	37	56	21	19
	盒 + 湿土质量(g)	39.38	40.67	40.32	41.13
	盒 + 干土质量(g)	35.64	36.88	36.23	36.92
	水质量(g)	3.74	3.79	4.09	4.21
	盒质量(g)	12.32	12.44	12.08	11.97
	干土质量(g)	23.32	24.44	24.15	24.95
	含水率(%)	16.04	15.51	16.94	16.87
	平均含水率	15.8		16.9	
	干密度(g/cm^3)	1.69		1.69	
	平均干密度(g/cm^3)	1.69			

续上表

取样位置		K3 + 090	K3 + 120
土样种类		10% 石灰土	
干密度	最大干密度(g/cm³)	1.73	
	压实度(%)	97.7	
备注	本试验经二次平行测试后,其平行差值不大于规定值,取其算术平均值		
	该点符合 K≥96%		

检测:　　　　　　　　　年　月　日　　复核:　　　　　　　　年　月　日

注:1. 土质量 = [环刀 + 土质量(g)] - 环刀质量(g)。

2. 湿密度 = 土质量/环刀容积。

3. 水质量 = [盒 + 湿土质量(g)] - [盒 + 干土质量(g)]。

4. 干土质量 = [盒 + 干土质量(g)] - 盒质量(g)。

5. 含水率 = 水质量/干试样质量×100%。

6. 干密度 = 湿密度/(1 + 平均含水率)。

7. 压实度 = 干密度/最大干密度。

三、注意事项

(1)试验过程不能扰动试样,以保证试样原有的密实度。

(2)环刀两端土必须修平,不能有凹凸不平现象,确保使试样体积等于环刀体积。

(3)对于湿润或干燥砂土,不需用击实锤和定向筒,用两手平稳垂直地压下环刀即可。

单元4.3　灌砂法测试压实度

一、概述

公路路基或路面基层(底基层)每一层填土碾压完毕后,进行下一层施工前必须确认该层压实度是否合格,灌砂法是路基路面现场测试压实度最常用的方法之一。根据《公路路基路面现场测试规程》(JTG 3450—2019) T 0921—2019 挖坑灌砂测试压实度方法规定,灌砂法适用于现场测试基层或底基层、砂石路面及路基结构的压实度,以评价结构层的压实质量,不适用于填石路堤等有大孔洞或大空隙的结构压实度测试。

二、测试程序分析

灌砂法是利用均匀颗粒的砂去置换试洞的体积,适用于在现场测试基层(或底基层)、砂石路面及路基上各种材料的压实度,但不适用于填石路堤等有大孔洞或大孔隙材料的压实度检测。

灌砂法测试程序示意图如图 4-9 所示。首先在试验室测试标准量砂的密度;然后在现场根据本教材单元2.2选点方法选定试验地点,按规程要求挖取一个试洞,称取量砂灌入试洞,用量砂体积置换试洞体积,计算该测点的湿密度和干密度,从而得出该测点的压实度。

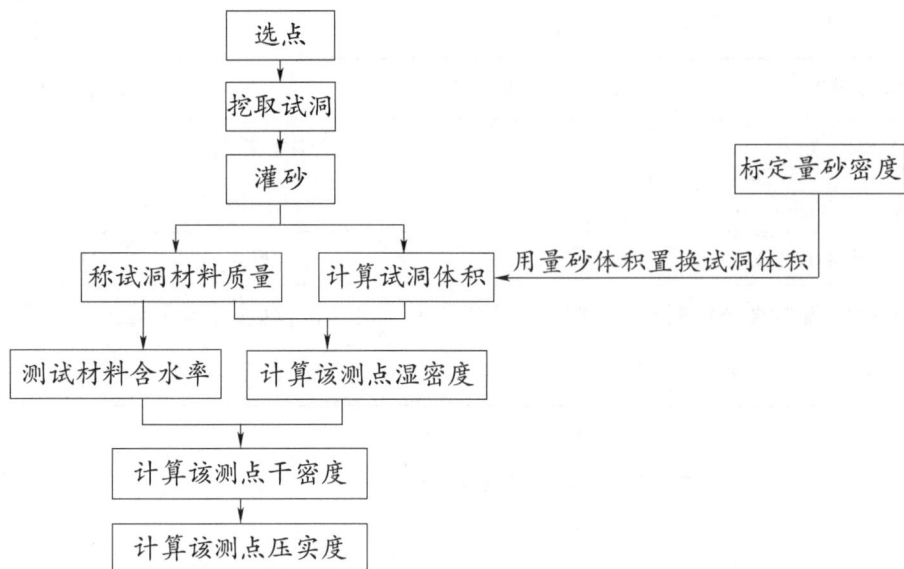

图 4-9　灌砂法测试程序示意图

三、测试方法与步骤

1. 仪具与材料技术要求

（1）灌砂设备：包括灌砂筒、标定罐和基板。

①灌砂筒：金属材质，形式如图 4-10、图 4-11 所示。对应尺寸如图 4-12a）所示，并符合表 4-5 的规定。灌砂筒上部为储砂筒，下部为圆锥体漏斗，筒底与漏斗顶端铁板之间设有开关。灌砂筒的选择：测试前，应根据填料粒径及测试层厚度选择不同尺寸的灌砂筒，并符合表 4-6 的规定。

图 4-10　灌砂筒及标定罐实物图　　　　图 4-11　灌砂筒底部锥体外观图

②标定罐：金属材质，上端有罐缘形式如图 4-10 所示。主要尺寸如图 4-12b）所示，并符合表 4-5 的规定。

③基板：金属材质，盘的中心有一圆孔，主要尺寸符合表 4-5 的规定。

（2）玻璃板：边长 500 ~ 600mm 的方形板。

（3）试样盘和铝盒：小筒挖出的试样可以用铝盒存放，大筒挖出的试样可以用 300mm × 500mm × 40mm 的搪瓷试样盘存放。

（4）电子秤：分度值不大于 1g。

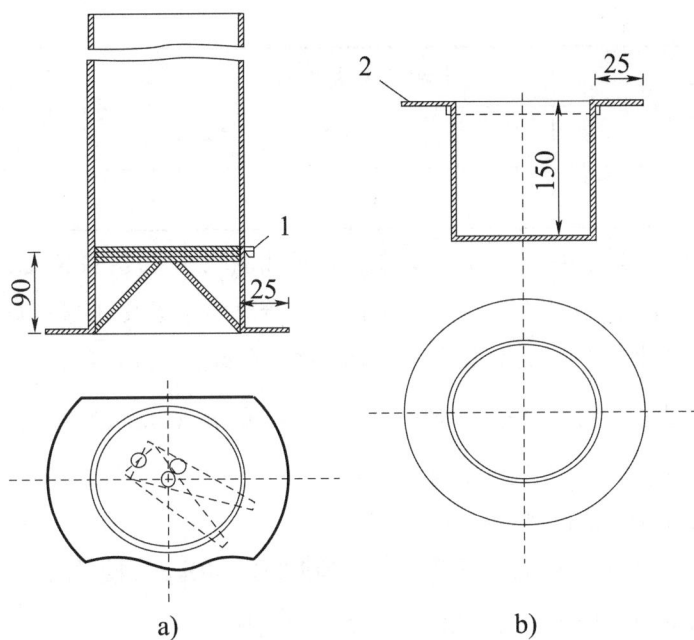

图4-12　灌砂筒及标定罐尺寸示意图(尺寸单位:mm)

a)灌砂筒;b)标定罐

1-开关;2-罐缘

灌砂设备的主要尺寸 　　　　　　　　　　　　　　　　表4-5

灌砂设备类型			小型灌砂设备	中型灌砂设备	大型灌砂设备
灌砂筒	储砂筒	直径(mm)	100	150	200
		容积(cm^3)	2121	4771	8482
	流砂孔	直径(mm)	10	15	20
标定罐	金属标定罐	内径(mm)	100	150	200
		外径(mm)	150	200	250
基板	金属方盘基板	边长(mm)	350	400	450
		深(mm)	40	50	60
	中孔	直径(mm)	100	150	200
	板厚	厚(mm)	≥1.0(铁)	≥1.0(铁)	≥1.0(铁)
			≥1.2(铝合金)	≥1.2(铝合金)	≥1.2(铝合金)

注:储砂筒的容积可按照检测层厚度不同而适当调整,其他指标不变,以保证灌砂过程连续。

灌砂筒类型(单位:mm) 　　　　　　　　　　　　　　　　表4-6

灌砂筒类型	填料最大粒径	适宜的测试层厚度
φ100	< 13.2	≤150
φ150	< 31.5	≤200

灌砂筒类型	填料最大粒径	适宜的测试层厚度
ϕ200	< 63	≤300
ϕ250 及以上	≤100	≤400

注:路基填料最大粒径超过100mm的,应采用其他方法测试压实度;当挖坑过程中存在超过规范规定粒径10%的填料时,应另在附近选点重做。试验过程中若发现储砂筒内砂不足以填满试坑时,说明灌砂筒尺寸过小,应选择较大尺寸的灌砂筒重新试验,而不应在试验过程中添加量砂。

(5)天平或台秤:称量 10~15kg,感量不大于1g,用于含水率测定的天平精度,对于细粒土、中粒土、粗粒土宜分别为0.01g、0.1g、1.0g。

(6)含水率测试设备:铝盒、烘箱、微波炉等。

(7)量砂:粒径 0.30~0.60mm 清洁干燥的砂,20~40kg。使用前须洗净、烘干、筛分至符合要求并放置 24h 以上,使其与空气的湿度达到平衡。

(8)盛砂的容器:塑料桶等。

(9)温度计:分度值不大于1℃。

(10)其他:凿子、改锥、铁锤、长把勺、小簸箕、毛刷等。

【想一想】 虽然检测路基(或者路面基层等)压实度最常采用的是灌砂法而不是灌水法,但是灌水法的检测原理相对容易理解,可以作为理解灌砂法原理的基础。灌水法的原理是"用水的体积来置换试洞的体积",即在试洞中铺以薄膜(避免水到处渗漏)后灌水,由于水的密度是已知的,灌进试洞多少克水就能知道灌进去水的体积,也就是试洞的体积,再通过称量从试洞中取出填料的质量,从而得出试洞中填料的密度。同理在下面的检测方法中,灌砂法的原理是否是"用量砂的体积来置换试洞的体积"呢?

灌砂法测试压实度除了准备工作外,分为两大步骤,第一步首先要在室内测试量砂密度(相当于灌水法中水的密度是已知的);第二步是至现场用灌砂法测试该测点的密度,通过计算得到压实度。

2.准备工作

(1)在路基或路面施工前对检测对象的试样用同种材料进行室内击实试验,得到最大干密度 ρ_{dmax} 及最佳含水率 w_0。

(2)按规定选用适宜的灌砂设备。

3.室内测试量砂密度

(1)按下列步骤标定灌砂筒下部圆锥体内砂的质量。

①在灌砂筒筒口高度上,向灌砂筒内装砂至距筒顶 15mm ± 5mm。称取筒及筒内砂的总质量 m_1,准确至1g,如图4-13所示。以后每次标定及试验都应该维持装砂高度与质量不变。

②将开关打开,让砂自由流出,并使流出砂的体积与标定罐的容积相当(或等于工地所挖试坑的体积),然后关上开关,如图4-14所示。

③不要晃动储砂筒,轻轻地将灌砂筒移至玻璃板上,将开关打开,让砂流出,直至筒内砂不再下流时,将开关关上,并细心地取走灌砂筒,如图4-15所示。

图4-13　称(筒+砂)总质量m_1

图4-14　流出砂的体积与标定罐的容积相当

a)　　　　　　　　　　　　b)

图4-15　让灌砂筒中砂流出

a)把装有余砂的筒放在玻璃板上;b)小心取下灌砂筒

④称量留在玻璃板上的砂或称量筒内的砂,准确至1g。玻璃板上砂质量就是填满筒下部圆锥体内砂的质量m_2。

⑤重复上述测量三次,取其平均值。

(2)按下列步骤标定量砂的松方密度ρ_s(g/cm³)。

【问一问】　测试量砂松方密度的目的是什么?

①用15~25℃的水确定标定罐的容积V,准确至1mL,如图4-16所示。

②在储砂筒中装入质量为m_1(含筒质量)的砂,并将灌砂筒放在标定罐上,将开关打开,让砂流出。在整个流砂过程中,不要碰到灌砂筒,直到储砂筒内的砂不再下流时,将开关关闭,取下灌砂筒,称取筒内剩余砂及筒的质量m_3,准确至1g。

③按式(4-5)计算填满标定罐所需砂的质量m_a。

$$m_a = m_1 - m_2 - m_3 \qquad (4\text{-}5)$$

式中:m_a——标定罐中砂的质量(g);

图4-16　测试标定罐的容积

m_1——装入灌砂筒内的砂及筒的总质量(g)；

m_2——灌砂筒下部圆锥体内砂的质量(g)；

m_3——灌砂入标定罐后，筒内剩余砂及筒的质量(g)。

④重复上述测量三次，取其平均值。

⑤按式(4-6)计算量砂的松方密度ρ_s。

$$\rho_s = \frac{m_a}{V} \tag{4-6}$$

式中：ρ_s——量砂的松方密度(g/cm^3)；

V——标定罐的容积(cm^3)。

4. 现场灌砂测试试验步骤

(1)在测试地点，选一块平坦表面，并将其清扫干净，其面积不得小于基板面积。

(2)将基板放在平坦表面上，当表面粗糙度较大时，则将盛有量砂(m_1)的灌砂筒放在基板中间的圆孔上，将灌砂筒的开关打开，让砂流入基板中孔内，直到储砂筒内的砂不再下流时关闭开关。取下灌砂筒，并称量筒内砂的质量m_5，准确至1g，如图4-17所示。

(3)取走基板，收回留在试验地点的量砂，重新将表面清扫干净。

(4)将基板放回原处并固定，沿基板中孔凿洞（洞的直径与灌砂筒一致）。在凿洞过程中，不应使凿出的材料丢失，并随时将凿松的材料取出装入塑料袋中或大铝盒内密封，防止水分蒸发。试洞的深度应等于测试层厚度，但不得有下层材料混入。称取洞内材料的质量m_w，准确至1g，如图4-18所示。当需要测试厚度时，应先测量厚度后再称量材料总质量。

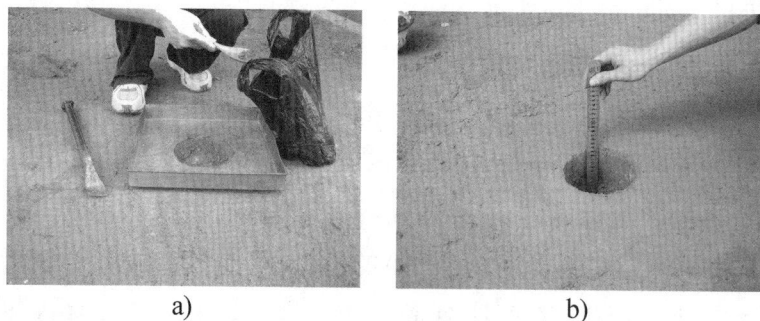

图4-17 现场标定灌砂筒锥砂的质量

图4-18 现场挖坑及测试土层厚度

a)挖试洞；b)测试土层厚度

(5)从挖出的全部材料中取有代表性的样品，放在铝盒或洁净的搪瓷盘中，测试其含水率w，以%计。单组取样样品的数量如下：用小型灌砂筒测试时，对于细粒土，不少于100g；对于各种中粒土，不少于500g。用中型灌砂筒测试时，对于细粒土，不少于200g；对于各种中粒土，不少于1000g；对于粗粒土或水泥、石灰、粉煤灰等无机结合料稳定材料，宜将取出的全部材料烘干，且不少于2000g，称其质量m_d。用大型灌砂筒测试时，宜将取出的材料全部烘干,称其质量 m_d。

(6)储砂筒内放满砂到要求质量 m_1,将基板安放在试坑原位上,将灌砂筒安放在基板中间,下口对准基板的中孔,打开灌砂筒的开关,让砂流入试坑内。在此期间,不应碰动灌砂筒。直到储砂筒内的砂不再下流时,关闭开关,仔细取走灌砂筒,并称量筒内剩余砂及筒的质量 m_4,准确至1g。

(7)如清扫干净的平坦表面粗糙度不大,可以省去(2)和(3)的操作。在试洞挖好后,将灌砂筒直接对准试坑,中间不需要放基板。打开筒的开关,让砂流入试坑内。在此期间,不应碰动灌砂筒。直到储砂筒内的砂不再下流时,关闭开关。取走灌砂筒,并称量筒内剩余砂及筒的质量 m'_4,准确至1g,如图4-19所示。

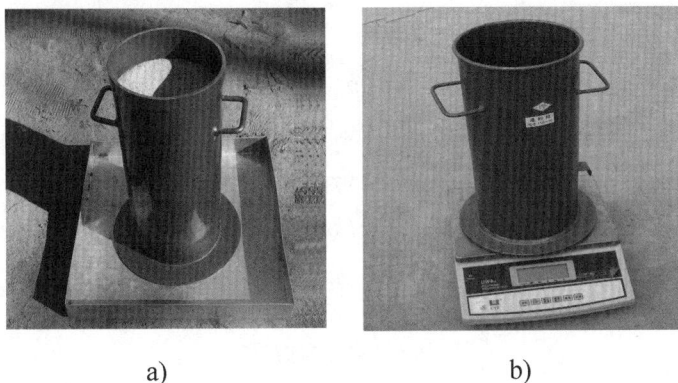

图4-19　现场灌砂及称量

a)灌砂;b)称筒及余砂质量

(8)取出储砂筒内的量砂,以备下次试验时再用。

(9)取走基板,将留在试坑内未混入杂质的量砂收回;将坑内剩余量砂清理干净后,回填与被测结构同材质的填料,并用铁锤分3~4层夯实。

(10)回收的量砂烘干、过筛,并放置24h以上,使其与空气的湿度达到平衡后再用。若量砂中混有杂质,则应废弃。

5.检测结果计算

(1)按式(4-7)或式(4-8)分别计算填满试坑所用砂的质量 m_b(g)。

①灌砂时,试坑上放有基板时:

$$m_b = m_1 - m_4 - (m_1 - m_5) \tag{4-7}$$

②灌砂时,试坑上不放基板时:

$$m_b = m_1 - m'_4 - m_2 \tag{4-8}$$

式中：　m_b——填满试坑时所用砂的质量(g);

　　　　m_1——灌砂前灌砂筒及砂的总质量(g);

　　　　m_2——灌砂筒下部圆锥体内砂的质量(g);

　m_4、m'_4——灌砂后,灌砂筒内剩余砂及筒的质量(g);

$(m_1 - m_5)$——灌砂筒下部圆锥体内及基板和粗糙表面间砂的合计质量(g)。

(2)按式(4-9)计算试坑材料的湿密度 ρ_w(g/cm³)。

$$\rho_w = \frac{m_w}{m_b} \times \rho_s \tag{4-9}$$

式中:ρ_w——试坑材料的湿密度(g/cm^3)；

m_w——试坑中取出的全部材料的质量(g)；

ρ_s——量砂的松方密度(g/cm^3)。

（3）按式（4-10）计算试坑材料的干密度ρ_d(g/cm^3)。

$$\rho_d = \frac{\rho_w}{1 + 0.01w} \qquad (4\text{-}10)$$

式中:ρ_d——试坑材料的干密度(g/cm^3)；

w——试坑材料的含水率(％)。

（4）当为水泥、石灰、粉煤灰等无机结合料稳定土时,可按式（4-11）计算干密度ρ_d(g/cm^3)。

$$\rho_d = \frac{m_d}{m_b} \times \rho_s \qquad (4\text{-}11)$$

式中:ρ_d——当为水泥、石灰、粉煤灰等无机结合料稳定土时的干密度(g/cm^3)；

m_d——试坑中取出的稳定土的烘干质量(g)。

（5）按式（4-12）计算施工压实度。

$$K = \frac{\rho_d}{\rho_c} \times 100 \qquad (4\text{-}12)$$

式中:K——测试地点的施工压实度(％)；

ρ_d——试样的干密度(％)；

ρ_c——由击实试验得到的最大干密度(g/cm^3)。

【提示】 简而言之,灌砂法的计算原理如下:

1. 用标定罐和玻璃板参照灌砂的流程测出量砂密度；

2 试坑内砂质量 = 灌砂前筒和砂总质量 – 灌砂后筒和砂总质量 – 锥体内砂质量；

3. 试坑体积 = 试坑内砂质量/量砂密度；

4. 湿密度 = 试坑材料质量/试坑体积；

5. 干密度 = 湿密度/(1 + 含水率×0.01)；

6. 压实度 = 干密度/最大干密度。

（6）标准砂标定试验记录表见表4-7,灌砂法压实度检测记录表见表4-8。

标准砂标定试验记录表(灌砂法用)　　　　　　　　　　表4-7

项目名称		合同段		施工单位			
水温(℃)	25	水的密度(g/cm^3)		$\rho = 0.99702$			
灌砂筒编号		灌砂筒直径(mm)		150			
试验单位				试验日期			
标定罐体积	（标定罐＋玻璃板）质量(g)		（1）	2210	2210	2210	
	（标定罐＋玻璃板＋水）质量(g)		（2）	4850	4850	4851	
	标定罐体积(cm^3) （3）＝[（2）－（1）]/ρ		（3）	2648	2648	2649	
	平均体积(cm^3)		（4）		2648		

续上表

项目名称		合同段		施工单位				
水温(℃)	25	水的密度(g/cm³)			$\rho = 0.99702$			
灌砂筒编号		灌砂筒直径(mm)			150			
试验单位				试验日期				
锥体砂质量	锥体砂质量=玻璃板上砂质量(g)		(5)			682	680	681
	平均锥体砂质量(g)		(6)			681		
砂密度	灌砂前(筒+砂)质量(g)		(7)			9048	9037	9033
	灌砂后(筒+砂)质量(g)		(8)			4660	4644	4645
	标定罐砂质量(g)　(9)=(7)-(8)-(6)		(9)			3707	3712	3707
	量砂松方密度(g/cm³)　(10)=(9)/(4)		(10)			1.400	1.402	1.400
	平均砂密度(g/cm³)		(11)			1.40		
结果	量砂的密度:1.40g/cm³							

试验:　　　　　　　年　月　日　　复核:　　　　　　　年　月　日

灌砂法压实度检测记录表　　　　　　　　　　　表4-8

项目名称				合同段						
施工单位				工程名称						
桩号层次		路基K73+000~K74+000 第×层		量砂密度 ρ_s (g/cm³)		1.40				
最大干密度(g/cm³)		1.82		最佳含水率(%)	14.2	压实度标准(%)		96		
序号	试验项目公式			试验位置(桩号)						
				K73+000	—	—	—	—	—	
(1)	现场标定锥砂质量	灌砂前(筒+砂)质量(g)		9039	—	—	—	—	—	
(2)		灌砂后(筒+砂)质量(g)		8315	—	—	—	—	—	
(3)		锥体及基板和粗糙表面间砂的合计质量(g)　(1)-(2)		724	—	—	—	—	—	
(4)	灌砂前(筒+砂)质量(g)			9045	—	—	—	—	—	
(5)	灌砂后(筒+砂)质量(g)			4331	—	—	—	—	—	
(6)	灌入试坑砂质量(g)　(4)-(5)-(3)			3900	—	—	—	—	—	
(7)	试坑体积(cm³)　(6)/ρ_s			2850.0	—	—	—	—	—	
(8)	湿试样质量(g)			5611	—	—	—	—	—	
(9)	湿密度(g/cm³)　(8)/(7)			1.969	—	—	—	—	—	
(10)	盒号			28	36	—	—	—	—	—
(11)	盒质量(g)			78.5	80.4	—	—	—	—	—
(12)	(盒+湿土)质量(g)			199.7	213.7	—	—	—	—	—

续上表

序号	试验项目公式	试验位置（桩号）					
		K73 +000	—	—	—	—	—
(13)	（盒＋干土）质量(g)	183.8	196.1	—	—	—	—
(14)	干土质量(g) (13) － (11)	105.3	115.7	—	—	—	—
(15)	水质量(g) (12) － (13)	15.9	17.6	—	—	—	—
(16)	含水率 (15)/(14) ×100	15.10	15.21	—	—	—	—
(17)	平均含水率(%)	15.2	—	—	—	—	—
(18)	干密度(g/cm³) (9)/[1 +0.01 ×(17)]	1.71	—	—	—	—	—
(19)	最大干密度(g/cm³)	1.82	—	—	—	—	—
(20)	压实度(%) (18)/(19) ×100	94.0	—	—	—	—	—
(21)	压实层厚度(cm)	16.2	—	—	—	—	—

注:压实层厚度为灌砂后挖至下层实测值

检测：　　　　　　年 月 日　　复核：　　　　　　年 月 日

四、注意事项

灌砂法是施工过程中最常用的试验方法之一。此方法实际操作时常常不易掌握,人为因素影响较大,会引起较大误差,故经常是质量检测监督部门与施工单位之间发生矛盾或纠纷的环节,因此应严格规范试验的每个细节,以提高试验精度。为使试验规范、结果准确,应注意以下几个环节:

(1)灌砂筒内的量砂在重复使用时,应烘干、过筛;并放置24h 以上,处理一致,否则影响量砂的松方密度。若更换量砂,必须重测其松方密度。

(2)在进行标定罐容积标定时,罐外的水一定要擦干。

(3)在挖坑时,试坑周壁应垂直,避免出现上大下小或上小下大的情形,且不得使凿出的试样丢失,以免检测密度偏大或偏小。

(4)地表面处理要平整,如果表面凸出一点(哪怕仅有1mm 高),使得基板抬高一薄层,将造成试件体积计算偏大,从而导致试验结果出现偏差。

(5)室内标定灌砂筒锥砂的质量,灌砂筒内装砂要流出一部分与试坑体积或标定罐容积相当的砂。现场标定灌砂筒锥砂的质量后,基板应尽量按位置标识放回原处挖坑。

(6)灌砂时检测厚度应为整个碾压层厚,不能只取上部或者取至下一个碾压层。

(7)灌砂筒的选择应遵循以填料粒径为主、测试层厚度为辅的原则。

单元4.4 钻芯法测试沥青路面面层压实度

一、概述

压实度是评定沥青路面质量的一个很重要的技术指标。沥青类路面的压实度是指按规定方法测得的混合料的毛体积密度或表观密度与标准密度的比值,用百分数表示。国内外均以取芯测试作为标准试验方法。

根据《公路路基路面现场测试规程》(JTG 3450—2019)T 0924—2008 钻芯测试路面压实度方法规定,钻芯法适用于测试从压实的沥青路面上钻取沥青混合料芯样的密度,并计算施工压实度,以评价结构层的压实质量。

沥青路面面层压实度检测,是用钻芯法在路面上按照本教材单元 2.2"T0902—2019 选点方法"确定测试位置钻取芯样,按《公路工程沥青及沥青混合料试验规程》(JTG E20—2011)的沥青混合料试件密度试验方法测试芯样试件的表观密度或毛体积密度,从而计算压实度。

二、测试方法与步骤

1. 仪具与材料技术要求

(1)路面取芯钻机,如图 4-20 所示。

(2)天平:分度值不大于 0.1g。

(3)水槽:温度控制在 ±0.5℃以内。

(4)吊篮。

(5)石蜡。

(6)其他:卡尺,毛刷,小勺,取样袋(容器),电风扇。

2. 检测方法与步骤

(1)钻取芯样

①按本教材单元 3.2 路面结构层厚度检测试验方法中的钻芯法钻取路面芯样,沥青混凝土芯样直径不宜小于 φ100mm。

当一次钻孔取得的芯样包含有不同层位的沥青混合料时,应根据结构组合情况用切割机将芯样沿各层结合面锯开,分层进行测试,如图 4-21 ~ 图 4-23 所示。

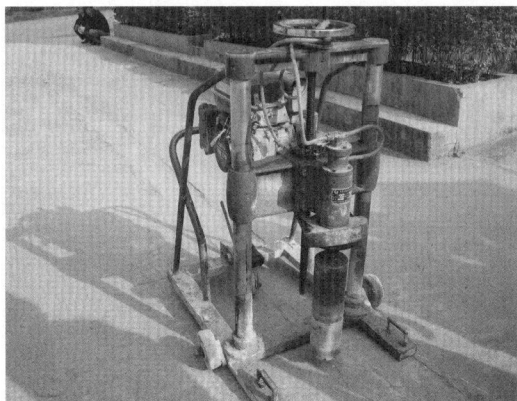

图 4-20　取芯钻机

图 4-21　在选定地点钻芯

②钻孔取样应在路面完全冷却后进行,对普通沥青路面通常在第二天取样,对改性沥青及 SMA 路面宜在第三天以后取样。

(2)测试试件密度

①将钻取的试件在水中用毛刷轻轻刷净黏附的粉尘。如试件边角有浮松颗粒,应仔细清除。

②将试件晾干或用电风扇吹干不少于24h,直至恒重。

③按《公路工程沥青及沥青混合料试验规程》（JTG E20—2011）的沥青混合料试件密度试验方法测试试件密度 ρ_s。通常情况下采用表干法测试试件的毛体积相对密度；对吸水率大于2%的试件，宜采用蜡封法测试试件的毛体积相对密度；对吸水率小于0.5%特别致密的沥青混合料，在施工质量检验时，允许采用水中重法测试表观相对密度。

（3）根据《公路沥青路面施工技术规范》（JTG F40—2004）的规定，确定标准密度。

图4-22　提起钻芯机　　　　　　　　图4-23　取出芯样

3. 检测结果计算

（1）当计算压实度的标准密度采用每天试验室实测的马歇尔击实试件密度或试验路段钻孔取样密度时，沥青面层的压实度按式（4-13）计算。

$$K = \frac{\rho_s}{\rho_0} \times 100 \tag{4-13}$$

式中：K——沥青面层某一测试部位的压实度（%）；

ρ_s——沥青混合料芯样试件的实测密度（g/cm^3）；

ρ_0——沥青混合料标准密度（g/cm^3）。

（2）计算压实度的标准密度采用最大理论密度时，沥青面层的压实度按式（4-14）计算。

$$K = \frac{\rho_s}{\rho_t} \times 100 \tag{4-14}$$

式中：K——沥青面层某一测试部位的压实度（%）；

ρ_s——沥青混合料芯样试件的实测密度（g/cm^3）；

ρ_t——沥青混合料的最大理论密度（g/cm^3）。

（3）按本教材单元2.5数据的统计特征与概率分布所述方法计算一个测试路段的压实度的平均值、标准差、变异系数，并按本教材单元4.5压实度评定方法，计算压实度代表值。

三、注意事项

（1）钻出芯样应写上桩号（或贴标签），并用塑料袋封好。

（2）若所钻出的芯样包含下一结构层，应沿层面锯开，分层进行测试。

（3）钻孔取样应在路面完全冷却后进行，对普通沥青路面通常在第二天取样，对改性沥青及SMA路面宜在第三天以后取样。

单元4.5　压实度评定

一、压实度检验评定标准

根据《公路工程质量检验评定标准　第一册　土建工程》(JTG F80/1—2017),路基、路面压实度检验评定标准要求(压实度为关键项目)列于表4-9中。

压实度检验评定标准要求　　　　　表4-9

工程项目类型				规定值			检查方法和频率
				高速公路、一级公路	其他等级公路		
					二级公路	三、四级公路	
土方路基	上路床		0~0.3m	≥96	≥95	≥94	按有关方法检查;密度法:每200m每压实层测2处
	下路床	轻、中及重交通荷载等级	0.3~0.8m	≥96	≥95	≥94	
		特重、极重交通荷载等级	0.3~1.2m	≥96	≥95	—	
	上路堤	轻、中及重交通荷载等级	0.8~1.5m	≥94	≥94	≥93	
		特重、极重交通荷载等级	1.2~1.9m	≥94	≥94	—	
	下路堤	轻、中及重交通荷载等级	>1.5m	≥93	≥93	≥90	
		特重、极重交通荷载等级	>1.9m				
级配碎(砾)石	基层		代表值	≥98			按有关方法检查,每200m测2点
			极值	≥94			
	底基层		代表值	≥96			
			极值	≥92			
稳定土基层和底基层	基层		代表值	—	≥95		按有关方法检查,每200m测2点
			极值	—	≥91		
	底基层		代表值	≥95	≥93		
			极值	≥91	≥89		
稳定粒料基层和底基层	基层		代表值	≥98	≥97		按有关方法检查,每200m测2点
			极值	≥94	≥93		
	底基层		代表值	≥96	≥95		
			极值	≥92	≥91		

续上表

工程项目类型	规定值			检查方法和频率
	高速公路、一级公路	其他等级公路		
		二级公路	三、四级公路	
沥青混凝土和沥青碎（砾）石面层	≥试验室标准密度的96%（98%＊） ≥最大理论密度的92%（94%＊） ≥试验段密度的98%（99%＊）			按有关方法检查，每200m测1点

注：沥青混凝土和沥青碎（砾）石面层压实度，高速公路、一级公路应选用2个标准评定，以合格率低的作为评定结果；其他等级公路选用1个标准进行评定。带"＊"号者是指SMA路面。

路基、路面压实度以1～3km长的路段为检验评定单元，按要求的检查方法和频率（参见表4-9）进行现场压实度抽样检查，计算每一测点的压实度 K_i。

二、压实度评定要点

（1）控制平均压实度的置信下限，以保证总体水平。

（2）规定单点极值不得超出给定值，防止局部留下隐患。

（3）计算合格率以区分质量优劣。

三、压实度评定方法

1. 压实度代表值计算

检验评定段的压实度代表值 K（算术平均值的下置信界限）为：

$$K = \overline{K} - S \times (t_\alpha / \sqrt{n}) \geq K_0 \tag{4-15}$$

式中：$\overline{K}$——检验评定段内各测点压实度的平均值；

S——检测值的均方差；

t_α——t 分布表中随测点数和保证率（或置信度 α）而变的系数，见表2-8；采用的保证率，高速公路、一级公路：基层、底基层为99%，路基、路面面层为95%；其他等级公路：基层、底基层为95%；路基、路面面层为90%。

n——检测点数；

K_0——压实度标准值。

2. 压实度评定

（1）路基、基层和底基层

①合格并计算合格率

当 $K \geq K_0$ 且单点压实度 K_i 全部大于或等于规定值减2%时，评定路段的压实度合格率为100%；当 $K \geq K_0$ 且单点压实度 K_i 全部大于或等于规定极值时，按测定值不低于规定值减2%的测点数计算合格率。

②不合格

当 $K < K_0$ 或某一单点压实度 K_i 小于规定极值时，评定路段压实度为不合格，相应分项

工程评为不合格。

路基施工段较短时,分层压实度应全都符合要求,且样本数不少于6个。

(2)沥青面层

①合格并计算合格率

当 $K \geq K_0$ 且全部测点大于或等于规定值减1%时,评定路段的压实度合格率为100%;当 $K \geq K_0$ 时,按测定值不低于规定值减1%的测点数计算合格率。

②不合格

当 $K < K_0$ 时,评定路段的压实度应为不合格,相应分项工程评为不合格。

【例题4-1】 某公路路基施工中,某一路段压实度检测结果如表4-10所示,压实度标准值 $K_0 = 95\%$。试按保证率95%评定该路段的压实度。

压实度检测结果 表4-10

序号	1	2	3	4	5	6	7	8	9	10
压实度(%)	96.4	95.4	93.5	97.3	96.3	95.8	95.9	96.7	95.3	95.6
序号	11	12	13	14	15	16	17	18	19	20
压实度(%)	97.6	95.8	96.8	95.7	96.1	96.3	95.1	95.5	97.0	95.3

解:经计算:

$$\overline{K} = 95.97\%$$

$$S = 0.91$$

查表2-8得:

$$t_{0.95}/\sqrt{n} = 0.387$$

$$K = \overline{K} - S \times (t_\alpha/\sqrt{n}) = 95.97 - 0.91 \times 0.387 = 95.62 \geq K_0$$

故 $K > K_0$,且因单点压实度全部大于规定值减2%(即93%),所以该路段压实度的合格率为100%。

🔑 模块小结

(1)通常用压实度来衡量现场压实的质量。路基、路面基层的压实度是指工地实际达到的干密度与室内标准击实试验所得的最大干密度的比值,用百分数表示;沥青类路面的压实度是指现场实际达到的密度与标准密度的比值,用百分数表示。

(2)现场密度试验主要检测方法有环刀法、灌砂法和钻芯法。

①环刀法测试压实度,首先现场选点,将取土器(环刀)放置于土基或路面基层材料上进行取样,根据取出试样的质量及环刀体积(已知)计算试样的密度,测试试样的含水率并计算干密度,再根据击实试验得出的最大干密度计算压实度。

②灌砂法是利用均匀颗粒的砂去置换试洞的体积。首先在试验室测试标准量砂的密度;然后在现场根据选点法选定试验地点,按规范挖取一个试洞,称取灌入试洞的量砂质量,用量砂体积置换试洞体积,计算该测点的湿密度和干密度,从而得出该点压实度。

③钻芯法适用于测试从压实的沥青路面上钻取沥青混合料芯样的密度,以评定沥青混凝土面层的施工压实度。即用钻芯法在路面按选点法钻取芯样,按《公路工程沥青及沥青混合料试验规程》(JTG E20—2011)中沥青混合料试件密度试验方法测试试件的表观密度或毛体积密度,从而计算压实度。

(3)压实度评定要点。

①控制平均压实度的置信下限,以保证总体水平。

②规定单点极值不得超出给定值,防止出现局部隐患。

③计算合格率以区分质量优劣。

自我检测

1.简述路基土的最大干密度的确定方法及适用条件。

2.环刀法测试压实度的检测仪器有哪些?分别简述其试验步骤。

3.简述灌砂法测试现场压实度的要点。

4.简述钻芯法测试沥青路面面层密度的试验方法及步骤。

5.简述压实度的评定方法。

6.对某公路路基压实质量进行检查时,压实度检测结果如表4-11所示,压实度标准值 $K_0 = 95\%$ 。试按保证率95%对该路段进行质量评定。(规定极值91%)

压实度检测结果   表4-11

序号	1	2	3	4	5	6	7	8	9	10
压实度(%)	95.0	95.4	93.5	95.8	96.3	96.0	95.9	96.7	95.3	94.7
序号	11	12	13	14	15	16	17	18	19	20
压实度(%)	93.4	95.3	96.8	97.5	95.2	96.3	94.9	95.5	98.0	96.1

7.对某一级公路水泥稳定砂砾基层49个点随机抽样进行压实质量检查,其检查结果为:压实度平均值为97.3%,变异系数为4.2%,试推算具有95%单边置信水平的置信下限。

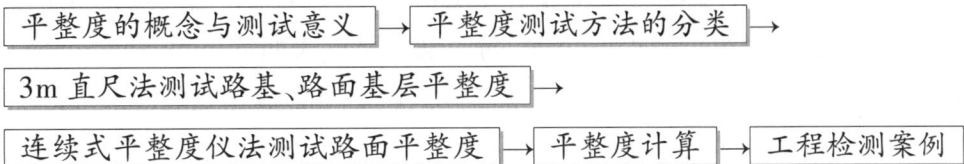

模块 5

路基路面平整度检测

 ## 学习目标

1. 能描述平整度的概念及测试意义；
2. 能采用 3m 直尺法检测平整度；
3. 能采用连续式平整度仪法检测平整度；
4. 能评定路基路面平整度。

 ## 学习任务

平整度是行车舒适性、安全性指标，路面施工结束后，每车道每路段均应检测路面凹凸情况即平整度，常采用 3m 直尺法、连续式平整度仪法检测。

 ## 学习指南

路面施工后，其表面的凹凸情况将对行车舒适性、安全性产生影响，路基、路面基层、底基层施工过程中可采用 3m 直尺法检测平整度，而沥青路面可采用连续式平整度仪法检测。其中，3m 直尺法设备简单，操作方法简单，为人工测试方法；连续式平整度仪法设备先进，检测数据由设备自动采集，工作效率高。

本模块主要介绍路面平整度检测方法，学生应沿着如下流程进行学习：

平整度的概念与测试意义 → 平整度测试方法的分类 →

3m 直尺法测试路基、路面基层平整度 →

连续式平整度仪法测试路面平整度 → 平整度计算 → 工程检测案例

单元 5.1　平整度测试的意义及测试方法

一、平整度的概念与测试意义

平整度是评定路面使用质量、施工质量及现有路面破坏程度的重要指标之一。它是指以规定的标准量规，间断地或连续地量测路表面的凹凸情况，即平整度的指标。

实践证明,路面面层由于直接与车辆接触,不平整的表面将会增大行车阻力,并使车辆产生附加振动作用。这种振动作用会造成行车颠簸,影响行车的速度和安全、驾驶的平稳和乘客的舒适。同时振动作用还会对路面施加冲击力,从而加剧路面和汽车机件损坏及轮胎的磨损,并增大油料的消耗。而且不平整的路面会积滞雨水,加速路面的破坏。因此,平整度的检测与评定是公路施工与养护的一个非常重要的环节。

二、平整度的测试方法

平整度的测试设备分为断面类及反应类两大类。断面类实际上用于测试路面表面的凹凸情况,最常用的测试设备有3m直尺和连续式平整度仪,还可通过精确测量高程得到。反应类是测试路面凹凸不平引起车辆振动的颠簸情况,测得驾驶员和乘客直接感受到的平整度指标,因此它实际上得到的是舒适性能指标,常用的测试设备是车载式颠簸累积仪(了解有这种方法,本单元不做具体介绍)。现已有更新型的自动化测试设备,如纵断面分析仪、激光平整度仪、路面平整度数据采集系统测试车等。几种常见平整度测试方法的特点及技术指标比较见表5-1。

平整度测试方法比较   表5-1

方法	特点	技术指标
3m直尺法	设备简单,结构直观,间断测试,工作效率低,反映凹凸程度	最大间隙 h(mm)
连续式平整度仪法	设备较复杂,连续测试,工作效率高,反映凹凸程度	标准差 σ(mm)
颠簸累积仪法	设备复杂,工作效率高,连续测试,反映舒适性	单项累计值 IRI(cm/km)、VBI

三、平整度的技术标准

由于路表面的平整度与路面各结构层次的平整状况有着一定的联系,即各层次的平整效果将累积反映到路面表面上,因此,为了确保路面表面的平整,还要对路基、路面基层和底基层的平整度进行控制和检测。《公路工程质量检验评定标准 第一册 土建工程》(JTG F80/1—2017)对路基、路面基层、底基层、面层和路肩提出了平整度要求,见表5-2 ~ 表5-4。

路基、路面基层、底基层平整度要求   表5-2

结构类型	规定值或允许偏差(mm)		检查方法和频率
	高速公路、一级公路	其他等级公路	
土方路基	≤15	≤20	3m 直尺:每200m 测2 处 × 5尺
填石路基	≤20	≤30	
土工合成材料处治层(下承层)	满足设计要求		每200m 检查4 处

续上表

结构类型		规定值或允许偏差(mm)		检查方法和频率
		高速公路、一级公路	其他等级公路	
稳定土	底基层	12	15	3m 直尺：每200m 测2 处 × 10尺
	基层	8 或—(见注)	12	
稳定粒料	底基层	≤12	≤15	3m 直尺：每200m 测2 处 × 5尺
	基层	≤8	≤12	

注：对于高速公路及一级公路，其水泥稳定粒料基层，石灰、粉煤灰稳定粒料基层，级配碎(砾)石基层的平整度规定值为8mm，其余类型基层无规定值要求。

路面面层平整度要求 表5-3

结构类型	检查项目	规定值或允许偏差		检查方法和频率
		高速公路、一级公路	其他等级公路	
水泥混凝土	σ(mm)	≤1.32	≤2.0	平整度仪：全线每车道连续检测，每100m 计算 σ、IRI
	IRI(m/km)	≤2.0	≤3.2	
	最大间隙 h (mm)	3	5	3m 直尺：每半幅车道每200m 测2 处 × 5尺
沥青混凝土和沥青碎石	σ(mm)	≤1.2	≤2.5	平整度仪：全线每车道连续按每100m 计算 σ 或 IRI
	IRI(m/km)	≤2.0	≤4.2	
	最大间隙 h(mm)	—	5	3m 直尺：每200m 测2 处×5尺
沥青贯入式	σ(mm)	≤3.5		平整度仪：全线每车道连续按每100m 计算 σ 或 IRI
	IRI(m/km)	≤5.8		
	最大间隙 h (mm)	8		3m 直尺：每200m 测2 处×10尺
沥青表面处治	σ(mm)	≤4.5		平整度仪：全线每车道连续按每100m 计算 σ 或 IRI
	IRI(m/km)	≤7.5		
	最大间隙 h(mm)	10		3m 直尺：每200m 测2 处×10尺

路肩平整度要求 表5-4

结构类型	规定值或允许偏差(mm)	检查方法和频率
土路肩	≤20	3m直尺：每200m测2处×5尺
硬路肩	≤10	

单元5.2　3m直尺法测试平整度

一、概述

在路基路面施工过程中，由于施工质量控制不严、施工工艺不够精细或施工机具落后等因素的影响，往往会造成路基路面表面凹凸不平。另外，道路在使用过程中，由于长期受车辆荷载作用，使得路面个别结构层承重能力降低，致使道路产生永久变形，也会使路面产生凹凸不平的现象。如果该凹凸量值过大，将直接关系到行车的安全性、舒适性以及营运经济性，并影响路面的使用年限。因此，在公路施工及养护过程中，必须将该指标控制在一定范围内。

现有××高速公路级配碎石基层，试根据《公路路基路面现场测试规程》(JTG 3450—2019)T 0931—2008采用3m直尺法测试平整度。

为了测试路基、路面表面的平整度值，可以将底面平直的3m直尺摆在凹凸不平的测试路段上，其测试原理如图5-1所示。由于路表面高低不平，故与直尺间存在间隙，采用有高度标记的楔形塞尺测量出路表面与直尺间的最大间隙，即可作为平整度指标，以mm计。

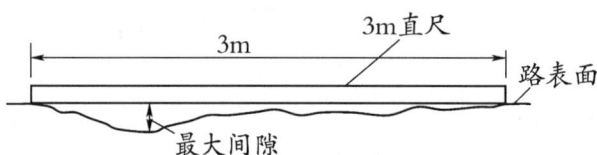

图5-1　3m直尺测平整度示意图

3m直尺法适用于测试压实成型的路基路面各层表面的平整度。

二、测试方法与步骤

1. 仪具与材料技术要求

(1)3m直尺：测量基准面长度为3m，基准面应平直，用硬木或铝合金钢等材料制成，可折叠，如图5-2所示。打开后长3m，上有水准气泡，其形状如图5-3所示。

(2)最大间隙测量器具。

①楔形塞尺：硬木或金属制的三角形塞尺，有手柄。塞尺的长度与高度之比不小于10，宽度不大于15mm，边部有高度标记，分度值不大于0.5mm，如图5-4所示。

②深度尺：金属制的深度测量尺，有手柄。深度尺测量杆端头直径不小于10mm，分度值不大于0.5mm。

(3)其他：皮尺或钢尺、粉笔等。

图 5-2　折叠的 3m 直尺

图 5-3　打开的 3m 直尺

2.检测方法与步骤

(1)准备工作

①按有关规范规定选择测试路段。

②确定测试方式。当测试沥青路面施工过程中的质量时,应以单尺方式测试,且测试地点应选在接缝处;其他情况一般以连续 10 尺方式测试。

③选择测试位置。除特殊需要者外,应以行车道一侧车轮轮迹(距车道标线 0.8 ~ 1.0m)作为测试的位置,如图 5-5 所示。对既有道路已形成车辙的路面,应取车辙中间位置为测试位置,用粉笔在路面上做好标记。

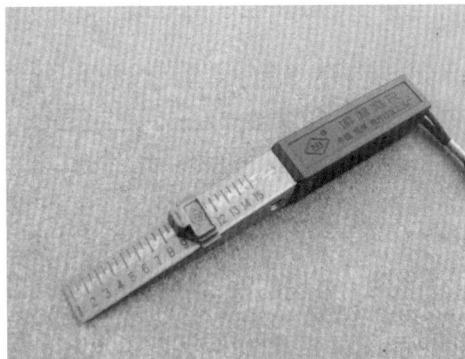

图 5-4　楔形塞尺

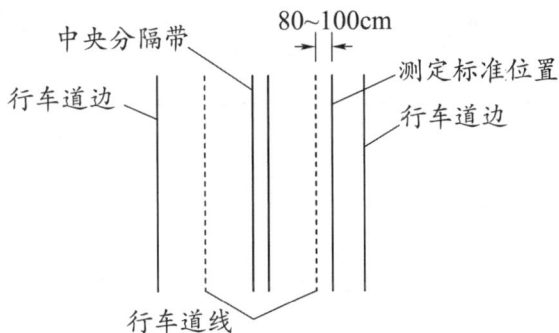

图 5-5　测点位置示意图

④清扫路面测试位置处的污物。

(2)测试步骤

①在施工过程中检测时,根据需要确定的方向,将 3m 直尺摆在测试位置的路面上。

②目测 3m 直尺底面与路表面之间的间隙情况,确定最大间隙的位置,如图 5-6 所示。

③将具有高度标线的塞尺塞进间隙处,测试其最大间隙的高度(mm),如图 5-7 所示;或者用深度尺在最大间隙位置测试直尺上顶面距地面的深度,该深度减去尺高即为测试点的最大间隙高度。以 mm 计,准确到 0.5mm。

3.检测结果计算

(1)单尺测试路面的平整度计算,以 3m 直尺与路面的最大间隙为测试结果。

(2)连续测试 10 尺时,判断每尺最大间隙 δ_m 是否合格,并计算合格率,以及 10 个最大间隙的平均值。

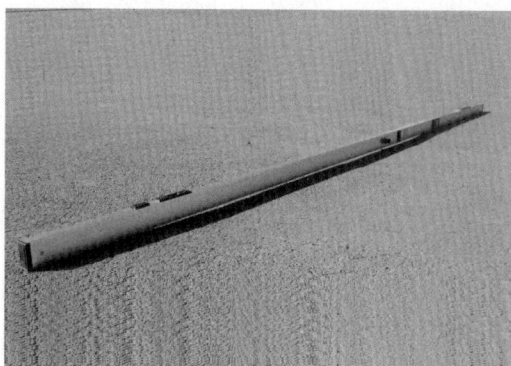

图5-6　确定最大间隙

图5-7　塞尺测最大间隙

4.检测结果处理与评定

（1）连续测定10尺时,应报告平均值、不合格尺数、合格率。

（2）平整度检测记录表见表5-5。

平整度检测(3m直尺法)记录表　　　　　　　表5-5

项目名称:××高速公路　　　施工单位:××工程公司　　　结构名称:(级配碎石)基层

起讫桩号(右幅)	实测值(mm)										备注
K1+775～K1+975	6.5	12.5	7.0	6.5	4.0	3.4	7.8	2.5	7.0	10.0	
	6.5	4.0	3.0	7.6	4.0	6.0	3.5	4.0	3.5	8.0	
测点数	20				规定值	8					
不合格尺数	2				合格率	90.0%					

检测:　　　　　　　年　月　日　　复核:　　　　　　　年　月　日

三、注意事项

（1）测试之前应将测试位置处的杂物清扫干净,以免影响测试结果。

（2）应正确选择测试位置,并且保证在测试过程中不要偏离。

（3）测间隙时,保证塞尺检测处为最大间隙处,当用目测无法判断最大间隙位置时,可用塞尺反复测试。

（4）连续检测时,要注意首尾相连,不能任意挪动。

（5）选择测试位置应以车轮轮迹(注意距标线的距离)或取车辙中间位置为测试位置。

单元5.3　连续式平整度仪法测试平整度

一、概述

3m直尺法虽然设备简单,操作方便,但属于间断测试,由人工操作,工作效率低且受人为因素影响较大。另外,《公路工程质量检验评定标准　第一册　土建工程》(JTG F80/1—2017)规定:高速公路和一级公路的各种路面,采用连续式平整度仪作连续测试,要求以均方

差 σ 代表路段现有的平整度。因此,在高等级公路施工与养护过程中,对于路面面层平整度的测试均采用连续式平整度仪法。

现有××高速公路沥青混凝土路面上面层,试根据《公路路基路面现场测试规程》(JTG 3450—2019)T 0932—2008 采用连续式平整度仪测定其路面平整度。

用连续式平整度仪测试平整度,只需将仪器调试好,用牵引车以一定的速度拉着仪器在测试路段上匀速行驶,便可通过测定轮上装有的位移传感器、距离传感器等检测器,每隔一定间距自动采集路面凹凸偏差位移值,并以每100m为一个计算区间,自动计算、打印路面平整度均方差。以均方差 σ 代表路段现有的平整度。

连续式平整度仪法适用于测试路面纵向相对高程的标准差 σ,用以表征路面的平整度。但不适用于在已有较多坑槽、破损严重的路面上测试。

二、测试方法与步骤

1. 仪具与材料技术要求

(1)连续式平整度仪。

①整体结构:如图5-8、图5-9所示,除特殊情况外,连续式平整度仪的标准长度为3m;中间为一个3m长的机架,机架可缩短或折叠,前后各有4个行走轮,前后两组轮的轴间距离为3m。

图5-8 折叠的连续式平整度仪　　　　图5-9 打开的连续式平整度仪

②地面高差测量传感器:安装在机架中间,可以是能起落的测定轮,如图5-10所示,或激光测距仪。

③其他辅助机构:蓄电池电源,距离传感器,与数据采集、处理、存储、输出部分配套的采集控制箱及计算机、打印机等。

④测试间距为100mm,每一计算区间的长度为100m,并输出一次结果。

⑤可记录测量长度(m)、曲线振幅大于某一定值(如3mm、5mm、8mm、10mm等)的次数、曲线振幅的单向(凸起或凹下)累计值及以3m机架为基准的中点路面偏差曲线图,计算、打印。

⑥机架装有一牵引钩及手拉柄,可用人力或汽车牵引。其构造图如图5-11所示。

(2)牵引车:小面包车或其他小型牵引汽车。

(3)皮尺或测绳。

图 5-10　连续式平整度仪测定轮

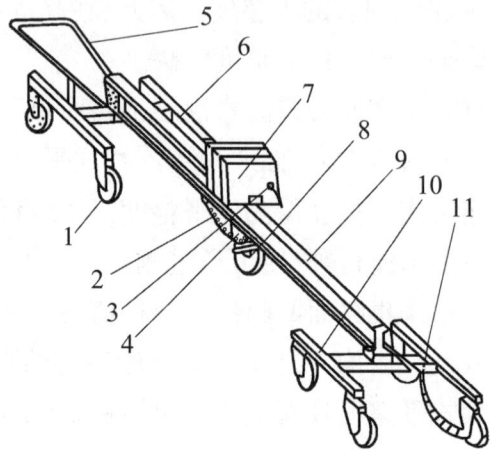

图 5-11　连续式平整度仪构造图

1-脚轮;2-拉簧;3-离合器;4-测量架;5-牵引架;6-前架;7-记录计;8-测定轮;9-纵梁;10-后架;11-软轴

2.检测方法与步骤

（1）准备工作

①按有关规范规定选择测试路段。

②当为施工过程中质量检测需要时,测试地点根据需要决定;当进行路面工程质量检查验收或路况评定时,通常以行车道一侧车轮轮迹带作为连续测试的标准位置。对旧路已形成车辙的路面,取一侧车辙中间位置为测点位置。

③清扫路面测试位置处的杂物。

④检查仪器检测箱,各部分应完好、灵敏,测定轮胎压正常并将各连接线接好,安装记录设备。

（2）测试步骤

①将连续式平整度测试仪置于测试路段路面起点上,保证测定轮位置在轮迹带范围内。

②在牵引汽车的后部,将连续式平整度仪与牵引汽车连接好,按照仪器使用手册依次完成各项操作。

③起动牵引汽车,沿道路纵向行驶,横向位置保持稳定。

④确认连续式平整度仪工作正常。牵引连续式平整度仪的速度应保持匀速,且沿车道方向行驶,速度宜为5km/h,最大不得超过12km/h。

在测试路段较短时,亦可用人力拖拉平整度仪测试路面平整度,但拖拉时应保持匀速前进。

3.检测结果计算

（1）以每100m长度为一个计算区间,按式(5-1)计算该区间内采集的位移值(d_i)的标准差 σ_i,即该区间的平整度,以 mm 计,保留1位小数。

$$\sigma_i = \sqrt{\frac{\sum d_i^2 - (\sum d_i)^2/N}{N-1}} \tag{5-1}$$

式中:σ_i——各计算区间的平整度计算值(mm);

d_i——以 100m 为一个计算区间,每隔一定距离(自动采集间距为 100mm,人工采集间距为 1.5m)采集的路面凹凸偏差位移值(mm);

N——计算区间用于计算标准差的测试数据个数。

(2)计算一个测试路段内平整度 σ_i 的平均值、标准差、变异系数。

(3)连续式平整度仪测试平整度记录表见表 5-6。

连续式平整度仪测试平整度记录表　　　表 5-6

工程名称:××高速公路　结构名称:沥青混凝土路面上面层 规定值:$\sigma \leq 1.2mm$　路段桩号:

测定区间桩号	标准差(mm)	平均值	标准差(mm)	变异系数(%)	合格区间数	合格率(%)
K2 + 100	0.48					
K2 + 200	0.76					
K2 + 300	0.51					
K2 + 400	0.80					
K2 + 500	0.65					
K2 + 600	1.67(桥头伸缩缝)	0.68	0.146	21.5	9	81.8
K2 + 700	0.71					
K2 + 800	0.94					
K3 + 900	0.57					
K3 + 000	1.35(路面污染)					
K3 + 100	0.70					

结论:根据《公路工程质量检验评定标准　第一册　土建工程》(JTG F80/1 — 2017)规定,高速公路沥青混凝土路面上面层平整度规定值 $\sigma \leq 1.2mm$,经计算该路段平整度均方差的平均值为 0.68mm,即 $\overline{\sigma} = 0.68mm < 1.2mm$,所以该路段平整度评定为合格

检测:　　　　　　　　年　月　日　　复核:　　　　　　　年　月　日

三、注意事项

(1)测试之前应将测试位置处的污物清扫干净,以免影响测试结果。

(2)测试前应检查仪器各部件是否完好、灵敏、连接无误。

(3)测试时速度应保持匀速,宜为 5km/h,最大不超过 12km/h,且测试过程中横向位置应保持稳定。

(4)路面有较多坑槽、破损严重时不宜采用此方法测试。

(5)测试时应随时记录桥头、通道两侧伸缩缝、路面污染的位置。

🔑 模块小结

（1）平整度是评定路面使用质量、施工质量及现有路面破损程度的重要指标之一。它是指以规定的标准量规，间断地或连续地量测路表面的凹凸情况，即不平整度的指标。

（2）平整度的测试设备分为断面类及反应类两大类。断面类实际上是测试路面表面的凹凸情况，最常用的测试设备有3m直尺和连续式平整度仪，还可用精确测试高程得到。反应类是测试路面凹凸不平引起车辆振动的颠簸情况，测得驾驶员和乘客直接感受到的平整度指标，因此它实际上得到的是舒适性能指标，常用的测试设备是车载式颠簸累积仪。

①将底面平直的3m直尺摆在凹凸不平的测试路段上，由于路表面高低不平，故与直尺间存在间隙，采用有高度标记的楔形塞尺测量出路表面与直尺间的最大间隙，即可作为平整度指标。

②用牵引车以一定的速度拉着连续式平整度仪在测试路段上匀速行驶，便可通过测试轮上装有的位移传感器、距离传感器等检测器，每隔一定间距自动采集路面凹凸偏差位移值，并以每100m为一个计算区间，自动计算、打印路面平整度均方差。以均方差 σ 代表路段现有的平整度。

📚 自我检测

1. 常见的平整度测试方法有哪些？这些测试方法相应的技术指标及特点是什么？
2. 简述3m直尺法测试平整度的测试步骤。
3. 简述3m直尺法测试平整度时应该注意的问题。
4. 简述连续式平整度仪法测试平整度时应该注意的问题。

模块 6
路面抗滑性能检测

学习目标

1. 能描述路面抗滑性能的概念及测试意义;
2. 了解路面抗滑性能测试方法;
3. 能采用手工铺砂法测试路面构造深度;
4. 能采用指针式摆式仪法测试路面的抗滑摆值;
5. 能处理抗滑摆值测试数据。

学习任务

为保证路面行车的安全性,对路面微观构造和宏观构造均应检测,即分别检测路面的构造深度和路面抗滑摆值,使其符合抗滑性能要求。

学习指南

路面微观构造在车辆低速时对抗滑性能起决定作用,而宏观构造在高速时起主要作用。构造深度是通过将一定体积的砂摊铺在路面上,如果砂摊铺的面积越大,说明砂嵌入表面空隙中的厚度越薄,路面的抗滑性能越不利。路面的抗滑摆值测试原理是:通过底部装有橡胶片的摆锤在洒水后的路面上摆动所受到的摩擦阻力来模拟车辆轮胎在雨天路面上行驶时受到的摩擦力。相对于构造深度来讲,抗滑摆值更直观地反映路面的抗滑性能。

本模块基于路面抗滑性能测试的工作过程来编写,学生应沿着如下流程进行学习:

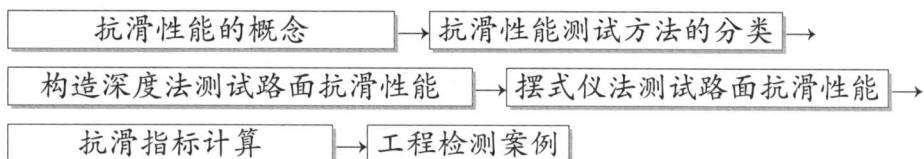

抗滑性能的概念 → 抗滑性能测试方法的分类 →
构造深度法测试路面抗滑性能 → 摆式仪法测试路面抗滑性能 →
抗滑指标计算 → 工程检测案例

单元 6.1　路面抗滑性能测试的意义及测试方法

一、路面抗滑性能的概念

路面抗滑性能是指车辆轮胎受到制动时沿表面滑移所产生的力。通常抗滑性能被看作路面的表面特性,并用轮胎与路面间的摩阻系数来表示。路面表面特性包括路表面细构造（微观构造）和粗构造（宏观构造）。影响抗滑性能的因素有路面表面特性、路面潮湿程度和行车速度。

路表面微观构造是指集料表面的粗糙度,它随车轮的反复磨耗而逐渐被磨光。通常用石料磨光值（PSV）表征抗磨光的性能。微观构造在低速（30～50km/h以下）时对路表抗滑性能起决定作用。路面的宏观构造是指路表面凹凸不平的开口孔隙,其外观特征如图6-1所示。在高速时起主要作用的是宏观构造,它主要反映路面表面的排水性能,通常用构造深度表示。

图6-1　宏观构造外观特征图

二、路面抗滑性能的要求

我国公路科学研究者在参考国内外的研究成果并在结合我国实际情况的基础上,提出了高等级公路路面抗滑性能的检验方法及标准。具体是以路面的摩擦系数与构造深度来作为衡量指标。

路面摩擦系数是反映在较高速行车条件下的路面抗滑综合指标,目前世界上使用的有纵向摩擦系数与横向摩擦系数两种。纵向摩擦系数主要表示车辆在路面上沿行车方向制动时的路面拉力。横向摩擦系数表示车辆在制动时路面的拉力,同时还表征车辆在路面上发生侧滑的拉力。我国《公路路基路面现场测试规程》(JTG 3450—2019)规定:采用横向力摩擦系数测试车测量路面横向摩擦系数(SFC)。

《公路工程质量检验评定标准　第一册　土建工程》(JTG F80/1—2017)对路面抗滑性能的要求见表6-1。

路面抗滑性能的要求　　　　　　　　　　　　　　　　表6-1

路面类型	检查项目		规定值或允许偏差		检查方法和频率	权值
			高速公路、一级公路	其他等级公路		
水泥混凝土面层	构造深度（mm）	一般路段	0.7～1.1	0.5～1.0	铺砂法:每200m测1处	2
		特殊路段	0.8～1.2	0.6～1.1		
沥青混凝土和沥青碎(砾)石面层	摩擦系数		满足设计要求	—	摆式仪法:每200m测1处	2
	构造深度（mm）				铺砂法:每200m测1处	

三、路面抗滑性能测试方法

路面抗滑性能测试方法有:构造深度测试法(手工铺砂法、电动铺砂法及激光构造深度仪法)、摆式仪法、横向力系数测试法、动态旋转式摩擦系数测试仪法等。摆式仪摩擦系数和构造深度都是评价路面抗滑性能的专业技术指标,但是两者所表征的含义不同,不能互相代替。

单元6.2　手工铺砂法测试路面构造深度

一、概述

国道××段工程为新建一级公路,其路面为中粒式沥青混凝土路面,为测试该路面的宏观粗糙度、抗滑性能及路表面的排水性能,现要求按照《公路路基路面现场测试规程》(JTG 3450—2019)T 0961—1995 采用手工铺砂法测试该路面的构造深度。

测试路面构造深度的方法有手工铺砂法、电动铺砂法及激光构造深度仪法,最简单易行的方法就是采用手工铺砂法。手工铺砂法的原理是将已知体积的砂摊铺在所要测试路表的测点上,砂嵌入凹凸不平的表面空隙中,计算砂的体积与覆盖面积的比值即为构造深度。

手工铺砂法适用于测试沥青路面及无刻槽水泥混凝土路面表面构造深度,用以评定路面表面抗滑性能。

二、测试方法与步骤

1. 仪具与材料技术要求

(1)人工铺砂仪:由量砂筒、推平板组成,如图 6-2 所示,具体技术要求如下:

①量砂筒:尺寸如图 6-3a)所示,量砂筒一端为封闭的,内径为 20mm,外径为 26mm,总高 90mm,容积为 25mL±0.15mL,可通过称量砂筒中水质量以确定其容积 V,并调整其高度,使其容积符合规定要求。附专用的刮尺,用于将筒口量砂刮平。

②推平板:尺寸如图 6-3b)所示,推平板应为木制或铝制,直径为 50mm,底面粘贴一层厚1.5mm的橡胶片,上面有一圆柱把手。

图 6-2　人工铺砂仪实物图

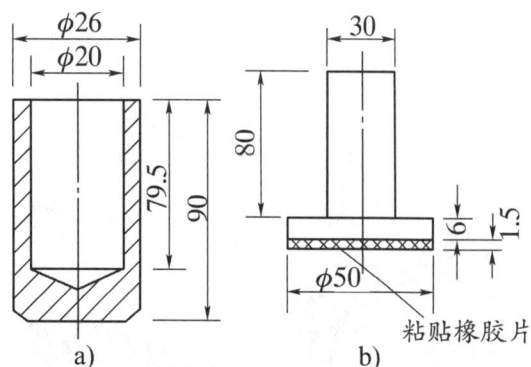

图 6-3　量砂筒和推平板示意图(尺寸单位:mm)

a)量砂筒;b)推平板

图6-4 量砂实物图

（2）量砂：足够数量的干燥洁净匀质砂，粒径0.15～0.3mm，如图6-4所示。

（3）量尺：钢板尺或专用的构造深度尺。

（4）其他：装砂容器（小铲）、扫帚或毛刷、挡风板等。

2.检测方法与步骤

（1）准备工作

①量砂准备：取洁净的细砂晾干、过筛，取0.15～0.3mm的砂置于适当的容器中备用。试验时，量砂只能一次性使用，不得重复使用。

②确定测点：按规定的选点方法，选取测点所在横断面位置。测点应选在行车道的轮迹带位置，距路面边缘不得小于1m。

（2）测试步骤

①用扫帚或毛刷将测点附近的路面清扫干净，面积不小于30cm×30cm。

②用小铲向圆筒中缓缓注入准备好的量砂至高出量筒成尖顶状（图6-5），手提圆筒上方，用钢尺轻轻地叩打圆筒中部3次（图6-6），并用刮尺沿筒口一次刮平（图6-7）。

图6-5 装砂

图6-6 叩实量砂

③将砂倒在路面上，用推平板，深度由里向外重复做旋转摊铺运动（图6-8），稍稍用力将砂向外均匀摊平，使砂填入凹凸不平的路表面的空隙中，尽可能将砂摊成圆形，并不得在表面上留有浮动余砂（图6-9），注意摊铺时不可用力过大或向外推挤。也可用专用尺直接测量构造深度。

图6-7 刮平量砂

图6-8 摊铺运动

④用钢板尺测量所构成圆的两个垂直方向的直径，取其平均值，准确至1mm（图6-10）。

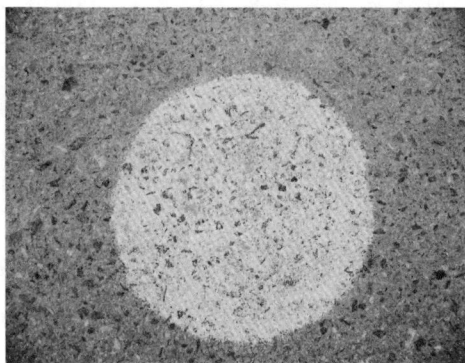

图6-9 量砂摊铺后形成的圆面　　　图6-10 测量直径长度

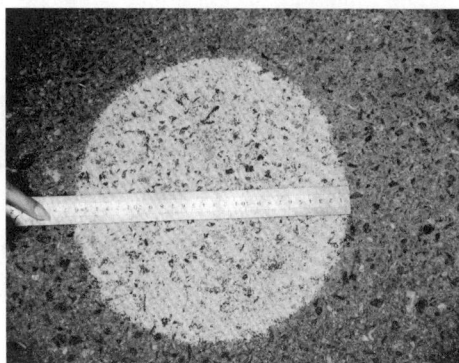

⑤按以上方法,同一处平行测试不少于3次,3个测点均位于轮迹带上,测点间距3~5m。同一处测试,应该由同一个试验员进行。该处的测试位置以中间测点的位置表示。

【想一想】 如果摊铺时用力过大或向外推挤,会对检测结果产生什么影响?

3. 检测结果计算

(1)路面表面构造深度测试结果按式(6-1)计算。

$$TD = \frac{1000V}{\pi D^2/4} = \frac{31831}{D^2} \tag{6-1}$$

式中:TD——路表面的构造深度(mm);

　　　V——砂的体积(取25cm^3);

　　　D——摊平砂的平均直径(mm)。

(2)每一处测试位置均取3次路面构造深度的测试结果的平均值作为试验结果,准确至0.01mm。当平均值小于0.2mm时,试验结果以<0.2mm表示。

(3)计算每一个测试路段构造深度的平均值、标准差、变异系数。

(4)路面构造深度检测记录表见表6-2。

路面构造深度检测(铺砂法)记录表　　　　表6-2

项目名称:国道××段工程　　　　施工单位:××公路工程公司

路面结构形式	中粒式沥青混凝土路面			构造深度 TD = 31831/D^2				
测点位置或桩号	圆直径 D(mm)			构造深度 TD(mm)			平均构造深度(mm)	备注
	1	2	3	1	2	3		
K0+290~+490	202	203	195	0.78	0.77	0.84		
K0+490~+690	208	194	203	0.74	0.85	0.77	匝道2	
K0+690~+890	211	194	210	0.71	0.85	0.72		
测点数	3	规定值	0.50	标准差	0.02	变异系数(%)	2.6	合格率(%)	100
平均值	0.78							

检测:　　　　　　　年　月　日　　复核:　　　　　　　年　月　日

三、注意事项

（1）量砂只能一次性使用，不得重复使用。回收砂禁止使用。

（2）向量砂筒中装砂时必须用小铲缓缓装入，不可直接用量筒到装砂筒中装砂，以免影响量砂密度的均匀性（图6-7）。

（3）铺砂时不可用力过大或向外推挤，尽可能将砂摊成圆形，并不得在表面上留有浮动余砂。

单元6.3 摆式仪法测试路面摩擦系数

一、概述

要测试路面在潮湿状态下的抗滑能力，可以采用制动距离法、偏转轮拖车法（横向力系数测试）及摆式仪法，最简单易行的方法就是采用摆式仪法测试路面的抗滑摆值来测试路面在潮湿状态下的抗滑能力。摆式仪法的原理是将底面装有一橡胶滑块的摆锤从一定高度自由下摆，滑块面同测试点表面接触，由于两者间的摩阻力作用而损耗部分能量，使摆锤只能回到一定高度，摆值越大说明回摆高度越小，则反映路表面的摩阻力越大。

摆式仪法适用于以指针式摆式仪测试无刻槽水泥路面和沥青路面的摆式摩擦系数值BPN。

二、测试方法与步骤

1.仪具与材料技术要求

（1）指针式摆式仪：形状如图6-11所示，结构如图6-12所示。测试时由人工通过指针在度盘上直接读值，摆值最小刻度为2。

图6-11 指针式摆式仪实物图

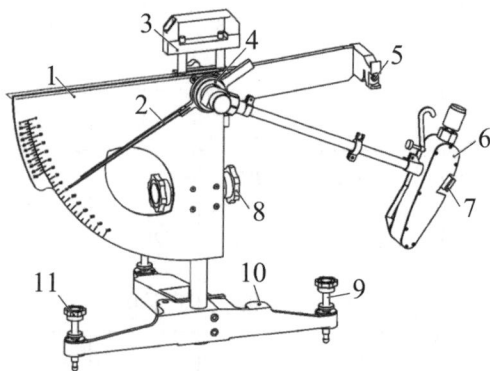

图6-12 指针式摆式仪结构示意图

1-度盘；2-指针；3-紧固旋钮；4-松紧调节螺栓；5-释放开关；
6-摆；7-滑溜块；8-升降旋钮；9-调平螺栓；10-度盘；11-水准泡

（2）橡胶片：尺寸为6.35mm×25.4mm×76.2mm，橡胶质量应符合表6-3的要求。当橡胶片使用后，端部在长度方向上磨耗超过1.6mm或边缘在宽度方向上磨耗超过3.2mm，或有油类污染时，即应更换新橡胶片。新橡胶片应先在干燥路面上测试10次后再用于测试。橡胶片的有效使用期从出厂日期起算为12个月。

橡胶物理性质技术要求
表6-3

性质指标	温度(℃)				
	0	10	20	30	40
弹性(%)	43～49	58～65	66～73	71～77	74～79
硬度(HD)	55±5				

（3）滑动长度量尺：长126mm，如图6-13所示。

（4）喷水壶。

（5）路面温度计：分度不大于1℃。

（6）其他：毛刷或扫帚、记录表格等。

2.检测方法与步骤

（1）准备工作

①检查指针式摆式仪的调零灵敏情况，并定期进行仪器标定。

②按《公路路基路面现场测试规程》（JTG 3450—2019）规定的选点方法选择测试位置，每个测试位置布设3个测点，测点间距离为3～5m，以中心测点的位置表示该测试位置。测试位置应选在车道横断面上轮迹处，且距路面边缘应不小于1m。

（2）测试步骤

①清洁路面：用扫帚或其他工具将测点处的路面上的浮灰或附着物打扫干净。

②仪器调平。

a.将指针式摆式仪置于路面测点上，并使摆的摆动方向与行车方向一致，如图6-14所示。

图6-13 滑动长度量尺实物图

图6-14 仪器放置

b.转动底座上的调平螺栓，使水准气泡居中，如图6-15所示。

③指针调零。

a.放松紧固旋钮，转动升降旋钮，使摆升高并能自由摆动，然后旋紧紧固旋钮。

b.将摆固定在右侧悬臂上，使摆处于水平位置，并把指针拨至右端与摆杆贴紧，如图 6-16 所示。

图 6-15　仪器调平

图 6-16　使摆水平

c.右手按下释放开关，使摆向左带动指针摆动，当摆达到最高位置后刚开始下落时，用右手将摆杆接住，此时指针应指零。若指针不指向零时，通过转动松紧的调节螺栓进行调整，重复本项操作，直至指针指零（图 6-17）。调零允许误差为 ±1BPN。

④校核滑动长度。

a.让摆处于自然下垂状态，松开紧固旋钮，转动升降旋钮，使摆下降。与此同时，提起举升柄使摆向左侧移动，然后放下举升柄使橡胶片长边下缘轻轻触地，在边侧紧靠橡胶片摆放滑动长度量尺，使量尺左端对准橡胶片触地下缘；再提起举升柄使摆向右侧移动，然后放下举升柄使橡胶片下缘轻轻触地，检查橡胶片下缘是否与滑动长度量尺的右端齐平。若齐平，则说明橡胶片两次触地的距离（滑动长度）符合 126mm ±1mm 的要求。橡胶片长边边缘应以刚刚接触路面为准，不可借摆的力量向前滑动，以免标定的滑动长度与实际不符。

b.橡胶片两次触地与量尺两端若不齐平，升高或降低摆或仪器底座的高度（进行调整）。微调时也可用旋转仪器底座上的调平螺栓调整仪器底座高度的方法，但需注意保持水准气泡居中。

c.重复上述动作，直至滑动长度符合 126mm ±1mm 的要求（图 6-18）。

图 6-17　指针指零

图 6-18　校核滑动长度

【想一想】 如果滑动长度大于或小于126mm,对检测结果会有什么影响?

⑤将摆固定在右侧悬臂上,使摆处于水平位置,并把指针拨至右端靠紧摆杆。

⑥用喷水壶浇洒测点处路面,使之处于湿润状态。

⑦按下释放开关,使摆在路面上滑过,当摆杆回落时,用手接住摆杆并读数,但不做记录。首次试测如图6-19所示。

⑧按照步骤⑤~⑦,重复操作5次,读记每次测试的摆值(图6-20)。5个摆值中最大值与最小值的差值不得大于3。如差值大于3时,应重复上述各项操作,至符合规定为止。取5次测定的平均值作为每个单点的路面抗滑值(即摆值),取整数。

图6-19 首次试测

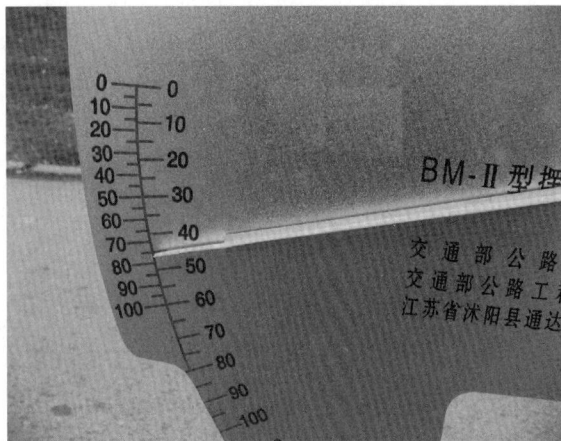

图6-20 读数

⑨在测点处用温度计测记潮湿路表温度,准确至1℃。

⑩重复步骤①~⑨,完成一个测试位置3个测点的摆值测试。

3.检测结果计算

(1)计算每个测点5个摆值的平均值,作为该测点的摆值 BPN_T,取整数。

(2)摆值的温度修正。

当路面温度为 T(℃)时测得的摆值 BPN_T 应按式(6-2)换算成标准温度20℃的摆值 BPN_{20}:

$$BPN_{20} = BPN_T + \Delta BPN \qquad (6-2)$$

式中:BPN_{20}——换算成标准温度20℃时的摆值;

BPN_T——路面温度 T 时测得的摆值;

ΔBPN——温度修正值,按表6-4采用。

温度修正值 表6-4

温度 T(℃)	0	5	10	15	20	25	30	35	40
温度修正值 ΔBPN	-6	-4	-3	-1	0	+2	+3	+5	+7

(3)计算每个测试位置3个测点摆值的平均值作为该测试位置的摆值,取整数。

(4)计算每个测试路段摆值的平均值、标准差、变异系数(表6-5)。

路面摩擦系数检测记录表　　　　　　　　　　　　　　　　　　表 6-5

工程名称:国道××段工程　　施工单位:××公路工程公司　　路面类型:中粒式沥青混凝土路面

测试位置	摆值 BPN_T						温度修正			结果		备注
	1	2	3	4	5	平均	路面温度 T(℃)	修正值 ΔBPN	抗滑值 BPN_{20}	平均抗滑值 BPN_{20}	
K0+390	46	46	45	47	46	46	25	+2	48	49	
	47	46	48	48	46	47	25	+2	49		
	47	48	46	46	46	47	25	+2	49		
K0+590	45	47	45	44	46	45	25	+2	47	48	
	48	47	47	46	46	47	25	+2	49		
	47	48	46	46	46	47	25	+2	49		
K0+790	47	47	46	45	46	46	25	+2	48	48	
	45	47	46	47	46	46	25	+2	48		
	48	47	46	47	46	47	25	+2	49		
测试位置	3	规定值(BPN)	45	标准差	0.577	变异系数(%)	1.19	合格率(%)	100			

检测:　　　　　　　年 月 日　　复核:　　　　　　　年 月 日

三、注意事项

(1)指针式摆式仪目前受制造工艺影响,仪器生产质量参差不齐,仪器调零、标定及测试过程中数值不稳定的现象时有发生,因此优选生产厂家成为保证测试结果准确的重要保证。

(2)当摆到达最高位置后下落时,应用左手将摆杆接住,防止仪器损坏。

(3)抗滑摆值测试完毕后应在测点位置上用路表温度计测记潮湿路面的温度,准确至1℃。

(4)指针式摆式仪应加强日常保养,拧紧各紧固螺栓,以保证摆式仪结构处于紧凑稳固状态。

单元6.4　数字式摆式仪法测试路面摩擦系数

由于仪器制造工艺及材料使用等方面原因,目前指针式摆式仪指针控制效果不过关,为改进指针式读数方式的缺陷,近年来国内外已开发出数字式摆式仪。数字式摆式仪是在不改变原有指针式摆式仪基本结构和工作原理的基础上,利用计算机、电子、传感器技术,研发的一种集成了自动显示、自动存储、自动温度修正功能的数字化测量系统。

数字式摆式仪取消了指针和刻度盘,其零位标定和摆值读取均由角度传感器和控制程序自动完成,避免了指针式摆式仪结构零位标定和人工读值方式造成的不稳定性和数据误差,较好地提高了测试结果的稳定性和准确度。

《公路路基路面现场测试规程》(JTG 3450—2019)新增 T 0969—2019 数字式摆式仪测试路面抗滑摆值(摩擦系数)方法。该方法与指针式摆式仪测试方法相比,仅有三方面不同:设备由指针式改成数字式;指针调零方法改为零位标定;零位标定和测试摆值之前分别要设置测试状态为"标定"和"就绪"。现将不同之处分述如下:

1. 仪具与材料技术要求

(1)数字式摆式仪:形状及结构如图 6-21 所示。数字式摆式仪主机可输入测点编号,自动测量、存储和显示摆值及温度修正后的结果。

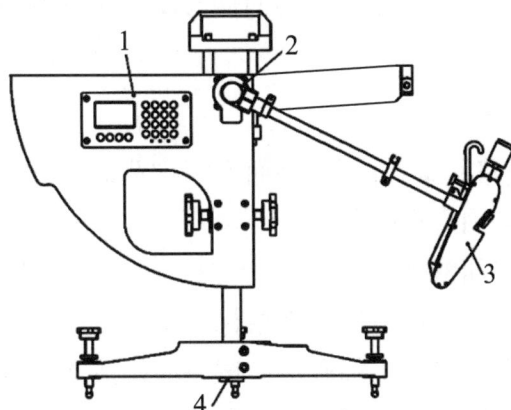

图 6-21　数字式摆式仪结构示意图

1-主机;2-角度传感器;3-摆;4-温度传感器

(2)橡胶片及其他仪具与材料同指针式摆式仪法。

2. 零位标定

(1)放松紧固旋钮,转动升降旋钮,使摆升高并能自由摆动,然后旋紧紧固旋钮。

(2)将摆固定在右侧悬臂上,使摆处于水平位置。

(3)打开数字式摆式仪主机电源,设置测试状态为"标定",右手按下释放开关,使摆向左摆动,当摆达到最高位置后刚开始下落时,用手将摆杆接住,此时数字式摆式仪将自动记录空摆时的初始角度,保存此初始角度,完成零位标定。

3. 增加设置测试状态环节

如前所述,在零位标定前,打开电源后,需要设置测试状态为"标定";在完成校核滑动长度步骤后,将摆固定在右侧悬臂上,使摆处于水平位置,此时需要设置测试状态为"就绪",增加这一设置环节后可进行该测点的测试。

数字式摆式仪法其余步骤与指针式摆式仪法相同,此处不再重复赘述。

🔑 模块小结

(1)路面抗滑性能是指车辆轮胎受到制动时沿表面滑移所产生的力。影响抗滑性能的因素有路面表面特性、路面潮湿程度和行车速度。

(2)我国现行规范、规程规定:采用摆式摩擦系数测试仪测试 BPN 摆值和构造深度来综合反映路面抗滑性能。

①微观构造在低速时对路表抗滑性能起决定作用。在高速时起主要作用的是宏观构造，它主要反映路面表面的排水性能，通常用构造深度表示。测试路面构造深度的方法有手工铺砂法、电动铺砂法及激光构造深度仪法。手工铺砂法的原理是将已知体积的砂摊铺在所要测试路表的测点上，计算嵌入凹凸不平的表面空隙中的砂的体积与覆盖面积的比值，即为构造深度。

②摆式仪法的原理是：通过底部装有橡胶片的摆锤在洒水后的路面上摆动所受到的摩擦阻力来模拟车辆轮胎在雨天路面上行驶时受到的摩擦力。将底面装有一橡胶滑块的摆锤从一定高度自由下摆，滑块面同测试点表面接触，由于两者间的摩阻力作用而损耗部分能量，使摆锤只能回到一定高度，摆值越大说明回摆高度越小，则反映路表面的摩阻力越大。

自我检测

1. 简述路面抗滑性能、路面微观构造、路面宏观构造的概念。

2. 影响路面抗滑性能的因素有哪些？

3. 路面构造深度反映路面的什么特性？

4. 路面在潮湿状态下的抗滑能力用什么指标评定？

5. 摆式仪法测试路面摆值与手工铺砂法测试路面构造深度两个试验中，测点如何选取？

6. 简述手工铺砂法测试路面构造深度的步骤及注意事项。

7. 简述用指针式摆式仪测试路面抗滑摆值的测试步骤及注意事项。

8. 在手工铺砂法中，为什么向量筒中装砂时必须用小铲装，不可直接用量筒到装砂的筒中装砂？

9. 在摆式仪测试路面抗滑值试验中，橡胶片在测点路面的滑动长度如何影响测试结果？

路基路面回弹弯沉检测

学习目标

1. 能描述弯沉的概念及测试弯沉的意义;
2. 能采用贝克曼梁法测试路基路面回弹弯沉;
3. 能对回弹弯沉值进行修正;
4. 能根据回弹弯沉值评定路基路面承载能力。

学习任务

各种路基路面施工结束后,应按照检验评定标准所规定的方法和检验频率实施弯沉检测。弯沉值的测试是通过在路基路面上施加一定荷载作用,检测荷载作用中心处的垂直变形值,从而检验路基路面的强度大小。

学习指南

在同一荷载作用下,路面弯沉值大,说明路面抵抗垂直变形的能力小,即强度低;反之,路面的弯沉值小,说明路面抵抗垂直变形的能力大,即强度高。测试弯沉的方法有贝克曼梁法、自动弯沉仪法、落锤弯沉仪法和激光式高速路面弯沉测定仪法等,其中贝克曼梁法是目前使用最多的方法,属于静态测试,其优点是测试原理直观、技术比较成熟,缺点是测定速度慢,人为影响因素较多。

本模块基于路基路面弯沉检测的工作过程来编写,学生应沿着如下流程进行学习:

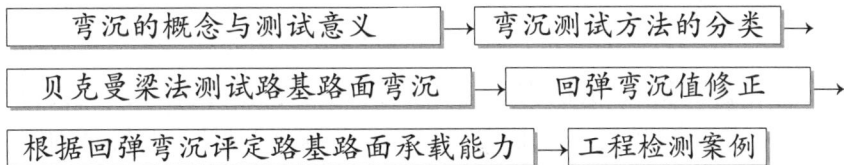

弯沉的概念与测试意义 → 弯沉测试方法的分类 →

贝克曼梁法测试路基路面弯沉 → 回弹弯沉值修正 →

根据回弹弯沉评定路基路面承载能力 → 工程检测案例

单元 7.1   弯沉的概念、测试意义和方法

弯沉是反映路基路面整体承载能力的一个综合指标,国内外普遍采用回弹弯沉值来表示路基路面的承载能力。在同一荷载作用下,路面的弯沉值大,说明路面抵抗垂直变形能力

小,即强度低;反之,路面的弯沉值小,说明路面抵抗垂直变形的能力大,即强度高。回弹弯沉值在我国已广泛使用且有很多试验和研究成果。回弹弯沉值主要用于路基路面施工控制与竣(交)工验收。

一、关于弯沉值的几个基本概念

1.弯沉值

弯沉值是指在规定的标准轴载作用下,路基路面表面轮隙中心处产生的总垂直变形(总弯沉),或垂直变形回弹量(回弹弯沉),以 0.01mm 为单位。总弯沉值与回弹弯沉值之差称为残余弯沉值。一般总弯沉值比回弹弯沉值大,表明路面除了产生弹性变形外,还产生塑性变形。若总弯沉值等于回弹弯沉值,表明路面是完全弹性体。路面弯沉示意图见图 7-1。

图 7-1　路面弯沉示意图

L_t-回弹弯沉值;L_e-残余弯沉值;L_z-总弯沉值

2.竣(交)工验收弯沉值

竣(交)工验收弯沉值是检验路面是否达到设计要求的指标之一。当厚度计算以层底拉应力为控制指标时,应根据拉应力计算所得的结构厚度、路基路面回弹模量重新计算路面弯沉值,该弯沉值即为竣(交)工验收弯沉值。

二、弯沉测量的目的

弯沉测量的目的:一是利用弯沉仪量测路面表面在标准轴载作用下的轮隙回弹弯沉值,用作评定路面强度的指标;二是通过对路面结构分层测试所得的回弹弯沉值,根据弹性体系垂直位移理论,反算路面各结构层的材料回弹模量值。

三、弯沉的测试方法

弯沉值的测试方法较多,目前用得最多的是贝克曼梁法,其在我国已有成熟的经验。为了提高测量精度和解决弯沉测试时支座位移的问题,苏联、瑞士、法国研制了光学弯沉仪,它的特点是把测点与读数装置分开,消除了支座位移的影响。另外,为了提高测试速度,各国都对快速连续或动态测试进行了研究,并发明了许多新的检测仪器,主要代表有法国洛克鲁瓦式自动弯沉仪、丹麦的落锤式弯沉仪以及美国的振动弯沉仪等。现将常用的几种方法各自的特点作简单的比较,见表 7-1。

几种弯沉测试方法比较　　　　　　　　　　　　　　　　表7-1

方法	特点
贝克曼梁法	传统方法,速度慢,静态测试,比较成熟,目前属于标准方法
自动弯沉仪法	利用贝克曼梁原理快速连续测试,属于静态测试范畴,但测定的是总弯沉值,因此使用时应用贝克曼梁进行标定换算
落锤式弯沉仪法	利用重锤自由落下的瞬间产生的冲击荷载测试弯沉,属于动态弯沉,并能反算路面的回弹模量,测试快速连续,可应用贝克曼梁法进行标定换算
激光式高速路面弯沉测定仪法	是目前世界上最先进的弯沉测试装置,测试原理是在高速行驶过程中利用激光多普勒(Laser-Doppler)技术测试地面在荷载作用下的垂直下沉速度,再通过分析程序计算出最大弯沉及弯沉盆数据。测试特点是可以在高速状态下测试,不影响正常交通,安全、高效

单元7.2　贝克曼梁法测试路基路面回弹弯沉

一、概述

弯沉值不仅能反映路面的强度,同时也能在某种程度上表示路面的耐久性。实践表明,路面的某些破坏现象同弯沉值有着直接联系,通常以回弹弯沉的大小来评价路面的好坏。另外,在施工过程中,如果将弯沉值控制在一定范围内,就可以避免路面产生某些破坏,从而延长路面的使用寿命。因此,在公路施工与养护过程中,弯沉值也是一项主要的控制指标。

回弹弯沉的测试,是将贝克曼梁测头置于测试车后轮轮隙中心前方3~5cm处,安装百分表于贝克曼梁的测试杆上,当车轮正好通过测点时,路面在车轮荷载作用下产生垂直变形,此时百分表达到最大读数,随着汽车继续前进,表针回转,当车轮荷载完全卸除后,路面向上回弹结束,百分表达到终读数,其回弹变形值便为回弹弯沉值。路面弯沉测量示意图见图7-2。

图7-2　路面弯沉测量示意图

贝克曼梁法适用于测试路基及沥青路面的回弹弯沉,以评价其整体承载能力。

二、测试方法与步骤

1. 仪具与材料技术要求

(1)加载车:单后轴、单侧双轮组的载重车。双轮轮隙应能满足自由插入贝克曼梁测头的要求;轴载及轮胎气压等主要参数应符合表7-2的要求,如图7-3所示。

加载车参数要求 表7-2

技术参数	要求	技术参数	要求
后轴标准轴载 P(kN)	100 ± 1	轮胎气压(MPa)	0.70 ± 0.05
单侧双轮荷载(kN)	50 ± 0.5	单轮传压面当量圆面积（mm^2）	$(3.56 \pm 0.20) \times 10^4$

（2）贝克曼梁、百分表及表架组合形式，如图7-4、图7-5所示。

图7-3 弯沉测试车

图7-4 路面贝克曼梁

贝克曼梁由合金铝制成，上有水准泡，其前臂（接触路面）与后臂（装百分表）长度比为2：1。贝克曼梁按长度分为5.4m（3.6m+1.8m）梁和3.6m（2.4m+1.2m）梁两种。长度为5.4m的贝克曼梁适用于各种类型的路面结构回弹弯沉的测试；长度为3.6m的贝克曼梁适用于柔性基层沥青路面回弹弯沉的测试。

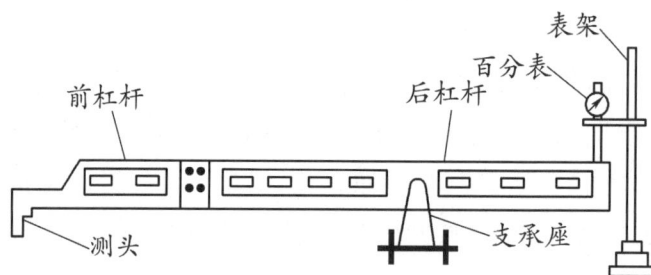

图7-5 路面弯沉仪构造图

（3）路表温度计：分辨力不大于1℃。

（4）其他：钢直尺等。

2.检测方法与步骤

（1）准备工作

①检查并保持测试用加载车的车况及制动性能良好，轮胎气压符合表7-2规定充气压力。

②给加载车配重，并用地中衡称量后轴总质量及单侧双轮荷载等，均应符合轴重规定，加载车行驶及测定过程中，轴重不得变化。

③若启用新加载车或加载车轮胎发生较大磨损时应测试轮胎传压面面积。轮胎传压面

面积测试方法如下:确保加载车双侧轮轴重及轮胎气压满足要求,在平整光滑的硬质路面上用千斤顶将汽车后轴顶起,在轮胎下方铺一张新的复写纸和一张方格纸,轻轻落下千斤顶,即在方格纸上印上轮胎印痕,用求积仪或数方格的方法测算单个轮胎印迹范围内的面积,应符合表7-2中单轮传压面当量圆面积的要求。

④检验百分表量测灵敏情况。

⑤当在沥青路面上测试时,通过气象台了解前5d的日平均气温(日最高气温与最低气温的平均值)。

⑥记录沥青路面结构层材料类型、设计景区等情况。

(2)测试步骤

①将加载车停放在测试路段的测试位置,后轮一般应置于道路行车轮迹带上。将贝克曼梁插入加载车后轮轮隙处,与加载车行车方向一致,梁臂不得碰到轮胎。贝克曼梁测头置于轮隙中心前方 30～50mm 处测点上,见图7-6。用路表温度计测量并记录测点附近的路表温度。可采用两台贝克曼梁对双侧轮迹同时进行回弹弯沉测试。

【想一想】 为什么贝克曼梁测头置于轮隙中心前方 30～50mm 处测点上呢?

②将百分表安装在表架上,并将百分表的测头安放在贝克曼梁的测定杆顶面。轻轻叩击贝克曼梁,确保百分表正常归位,见图7-7。

图7-6　贝克曼梁置于测点上　　　　图7-7　检查百分表

③指挥加载车缓缓前进,速度一般为 5km/h 左右,百分表示值随路面变形持续增加。当示值最大时,迅速读取初读数 L_1。加载车仍在继续前进,示值开始反向变化,待加载车驶出弯沉影响范围(约 3m 以上)后,百分表示值稳定后,读取终读数 L_2。贝克曼梁测试路面回弹弯沉如图7-8所示。

④指挥加载车沿轮迹带前行,驶向下一测试位置,重复①～③的步骤,完成测试路段的回弹弯沉测试。

(3)贝克曼梁的支点变形修正

当采用长度为 5.4m 的贝克曼梁测试时,一般可不进行支点变形修正。当有可能引起贝克曼梁支座处变形,在测

图7-8　贝克曼梁测试路面
回弹弯沉

试时应检验支点有无变形。如有变形,此时应用另一台检验用的贝克曼梁安装在测试用贝克曼梁后方,其测点架于测试用贝克曼梁的支点旁。当加载车开出时,同时测试两台贝克曼梁的弯沉读数,如检验贝克曼梁百分表有读数,即应该记录并进行支点变形修正。当在同一结构层测试时,可在不同位置测试5次,求取平均值,以后每次测试时以此作为修正值。支点变形修正的原理如图7-9所示。

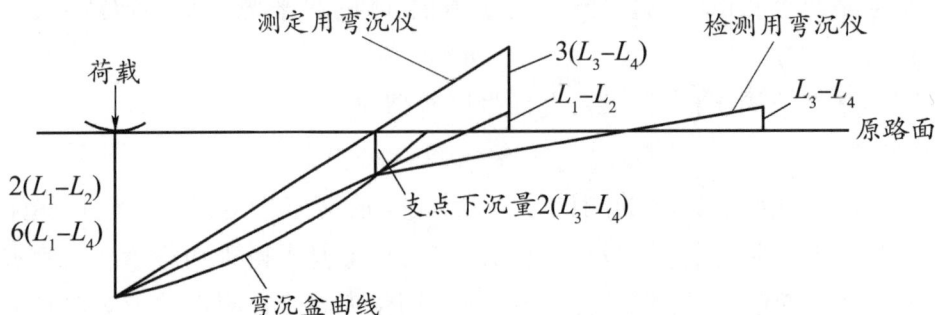

图7-9 贝克曼梁支点变形修正原理

3. 检测结果计算及温度修正

(1)路面测点的回弹弯沉值按式(7-1)计算。

$$l_t = (L_1 - L_2) \times 2 \qquad (7\text{-}1)$$

式中:l_t——在沥青层平均温度t时的回弹弯沉值(0.01mm);

L_1——车轮中心临近贝克曼梁测头时百分表的最大读数(0.01mm);

L_2——加载车驶出弯沉影响半径后待百分表稳定后的终读数(0.01mm)。

(2)当需进行贝克曼梁支点变形修正时,路面测点的回弹弯沉值按式(7-2)计算(适用于测试用贝克曼梁支座处有变形,但百分表架处路面无变形的情况)。

$$l_t = (L_1 - L_2) \times 2 + (L_3 - L_4) \times 6 \qquad (7\text{-}2)$$

式中:L_3——车轮中心临近贝克曼梁测头时检验用贝克曼梁的最大读数(0.01mm);

L_4——加载车驶出弯沉影响半径后检验用贝克曼梁的终读数(0.01mm)。

(3)回弹弯沉值的温度修正。对于沥青路面,路表温度对弯沉值有明显影响,测试时以沥青面层平均温度20℃时为准。在其他温度时,当温度高于20℃,沥青面层强度和刚度降低,弯沉值会增大;相反当温度小于20℃时,沥青面层强度和刚度增大,弯沉值会减小。所以,对于路表温度不在20℃±2℃,且厚度大于5cm的情况,其测试结果要相应地乘以一个系数,即温度修正系数K。温度修正及回弹弯沉的计算按下列步骤进行。

【想一想】 水泥混凝土路面和半刚性基层材料要进行温度修正吗?

①测试时的沥青面层平均温度按式(7-3)计算。

$$t = \frac{t_{25} + t_m + t_e}{3} \qquad (7\text{-}3)$$

式中:t——测试时沥青面层平均温度(℃);

t_{25}——根据t_0由图7-10决定的路表下25mm处的温度(℃);

t_m——根据t_0由图7-10决定的沥青面层中间深度的温度(℃);

t_e——根据t_0由图7-10决定的沥青面层底面处的温度(℃)。

图7-10中,t_0为测试时路表温度与测试前5d日平均气温的平均值之和(℃),日平均气温为日最高气温与最低气温的平均值。

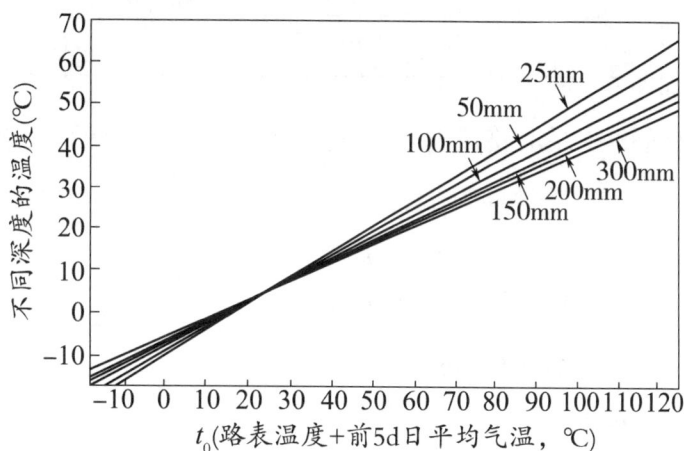

图7-10 沥青面层平均温度的确定

注:线上的数字为从路表向下的不同深度(mm)。

②当沥青面层平均温度在20℃±2℃时,温度修正系数$\kappa = 1$。当沥青面层平均温度为其他温度时,应根据沥青面层平均温度t及沥青面层厚度,分别由图7-11及图7-12求取不同基层的沥青路面弯沉值的温度修正系数κ。

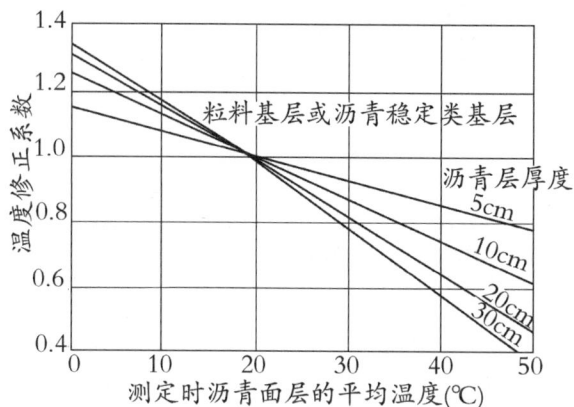

图7-11 路面弯沉温度修正系数曲线(适用于粒料基层及沥青稳定基层)

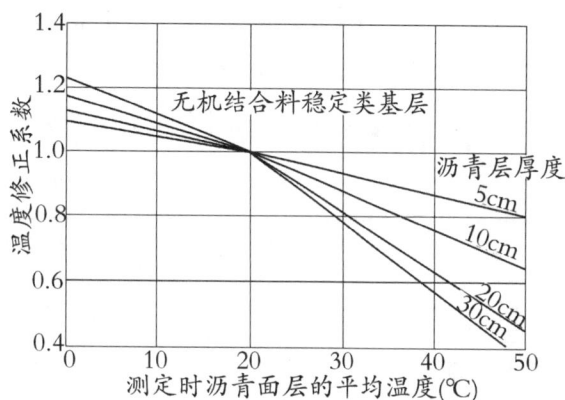

图7-12 路面弯沉温度修正系数曲线(适用于无机结合料稳定的半刚性基层)

③修正后的沥青路面回弹弯沉值按式(7-4)计算。

$$l_{20} = l_t \times \kappa \tag{7-4}$$

式中:l_{20}——修正后的沥青路面回弹弯沉值(0.01mm);

κ——温度修正系数;

l_t——测试时沥青面层内平均温度为t时的回弹弯沉值(0.01mm)。

④计算一个测试路段的回弹弯沉平均值、标准差及代表值。

4.弯沉值的评定

(1)每一双车道评定路段(不超过1km)测量检查点数应符合表7-3的规定,多车道公路应按车道数与双车道之比,相应增加测点。

弯沉测点数　　　　　　　　　　　　　　　　　表 7-3

检测设备	落锤式弯沉仪（FWD）	自动弯沉仪或贝克曼梁
测点数（点）	40	80

（2）路基、沥青路面每一评定路段弯沉代表值为弯沉测量值的上波动界限，按式（7-5）计算：

$$l_r = (\bar{l} + \beta \cdot S) K_1 K_3 \tag{7-5}$$

式中：l_r——一个评定路段的弯沉代表值（0.01mm）；

　　　$\bar{l}$——实测弯沉的平均值（0.01mm）；

　　　S——标准差（0.01mm）；

　　　β——目标可靠指标，见表 7-4；

　　　K_1——湿度影响系数，路基顶面弯沉测试时，根据当地经验确定；路表弯沉测试时，根据实测弯沉值通过反算得到路基模量值，修正后得到结构模量值，然后得出测试状态下的弯沉湿度修正系数，或根据当地经验确定；

　　　K_3——温度影响系数，路基顶面弯沉测试时取 1；路表弯沉测试时根据式（7-6）确定；

$$K_3 = e^{[9 \times 10^{-6}(\ln E_0 - 1)H_a + 4 \times 10^{-3}](20 - T)} \tag{7-6}$$

　　　T——弯沉测试时沥青结合料类材料层中点实测或预估温度（℃）；

　　　H_a——沥青结合料类材料层厚度（mm）；

　　　E_0——平衡湿度状态下路基顶面回弹模量（MPa）。

目标可靠指标 β 值　　　　　　　　　　　　　表 7-4

公路等级	高速公路	一级公路	二级公路	三级公路	四级公路
目标可靠度（%）	95	90	85	80	70
目标可靠指标 β	1.65	1.28	1.04	0.84	0.52

（3）粒料类基层和底基层顶面弯沉代表值应按式（7-7）计算：

$$l_r = \bar{l} + Z_a S \tag{7-7}$$

式中：l_r——一个评定路段的弯沉代表值（0.01mm）；

　　　$\bar{l}$——一个评定路段内实测弯沉的平均值（0.01mm）；

　　　S——标准差（0.01mm）；

　　　Z_a——与要求保证率有关的系数，高速公路和一级公路取 $Z_a = 2.0$，二级公路取 $Z_a = 1.645$，二级以下公路取 $Z_a = 1.5$。

（4）对于二级及二级以下公路，当路基和粒料类基层、底基层的弯沉代表值不符合要求时，可将超出 $\pm(2 \sim 3)S$ 的弯沉特异值舍弃，对舍弃的弯沉值大于 $\pm(2 \sim 3)S$ 的点，应找出其周围界限，进行局部处理，并对弯沉进行复测后重新计算平均值和标准差。高速公路和一级公路不得舍弃特异值。

（5）弯沉代表值大于弯沉值验收标准时,相应分项工程应为不合格,需采取措施进行补强。

5.试验检测结果

弯沉检测记录表见表7-5。

贝克曼梁法测试回弹弯沉检测记录表　　　　　　　　　　　　　　表7-5

工程名称			××高速公路							
检测日期	2019.11.09			检测依据		《公路路基路面现场测试规程》（JTG 3450—2019）T 0951—2008				
路段桩号	K3+310～K3+590		后轴重	100kN		舍弃系数				
结构层类型	沥青混凝土面层厚15cm,基层为二灰碎石				轮胎气压	0.7MPa				
测试车车型	东风 BZZ—100		贝克曼梁类型	5.4m贝克曼梁		保证率系数	1.645			
幅别	右幅		设计验收弯沉	35(0.01mm)		前5d日平均气温	23.2℃			
测点桩号	路表温度（℃）	温度修正系数	左车轮				右车轮			
			初读数（0.01mm）	终读数（0.01mm）	弯沉(0.01mm)		初读数（0.01mm）	终读数（0.01mm）	弯沉(0.01mm)	
					修正前	修正后			修正前	修正后
K3+310	25	1.02	27	12	30	30.6	57	41	32	32.6
K3+330	25	1.02	24	10	28	28.6	37	25	24	24.5
K3+350	25	1.02	29	13	32	32.6	38	24	28	28.6
K3+370	25	1.02	29	15	28	28.6	46	31	30	30.6
K3+390	25	1.02	35	18	34	34.7	52	39	26	26.5
K3+410	25	1.02	23	8	30	30.6	65	50	30	30.6
K3+430	25	1.02	30	14	32	32.6	47	33	28	28.6
K3+450	25	1.02	32	20	24	24.5	53	37	32	32.6
K3+470	25	1.02	37	22	30	30.6	68	51	34	34.7
K3+490	25	1.02	29	16	26	26.5	29	13	32	32.6
K3+510	25	1.02	35	21	28	28.6	95	79	32	32.6
K3+530	25	1.02	52	40	24	24.5	87	73	28	28.6
K3+550	25	1.02	46	33	26	26.5	94	79	30	30.6

续上表

测点桩号	路表温度(℃)	温度修正系数	左车轮				右车轮			
			初读数(0.01mm)	终读数(0.01mm)	弯沉(0.01mm) 修正前	修正后	初读数(0.01mm)	终读数(0.01mm)	弯沉(0.01mm) 修正前	修正后
K3+570	25	1.02	65	51	28	28.6	67	52	30	30.6
K3+590	25	1.02	58	42	32	33.6	89	75	28	28.6
测点数 30		平均值(0.01mm)		29.8	标准差(0.01mm)		2.85	代表弯沉值(0.01mm)		35.5

结论:经计算,弯沉代表值 $l_r = 35.5(0.01\text{mm})$ 大于设计验收弯沉值 $l_d = 35(0.01\text{mm})$,即 $l_r > l_d$,所以该路段的弯沉值不合格

备注:K_1、K_3 分别取 1.00 和 1.03

检测:　　　　　　　　　年 月 日　　复核:　　　　　　　　　年 月 日

三、注意事项

(1)检测车辆轴载、轮胎传压面当量圆面积、轮胎间隙及轮胎气压应符合规范要求。测试车车况及制动性能应良好,百分表应灵敏。

(2)测试时,贝克曼梁不得碰到轮胎。

(3)测点应在轮隙中心前方3~5cm处,测试前应轻轻叩打贝克曼梁,检查百分表是否转动灵敏。

(4)终读数应在车辆驶出弯沉影响半径后再读数。

(5)在测试过程中应随时测记路表温度,当沥青面层平均温度不在规定范围内时,对厚度大于5cm的沥青路面应进行温度修正。

🔑 模块小结

(1)弯沉是反映路基路面整体承载能力的一个综合指标,国内外普遍采用回弹弯沉值来表示路基路面的承载能力。在同一荷载作用下,路面的弯沉值大,说明路面抵抗垂直变形的能力小,即强度低;反之,路面的弯沉值小,说明路面抵抗垂直变形的能力大,即强度高。

(2)区别总弯沉、回弹弯沉、设计验收弯沉等概念,对几种弯沉测试方法进行了比较。

(3)弯沉值的测试方法有贝克曼梁法、自动弯沉仪法、落锤式弯沉仪法以及激光式高速路面弯沉测定仪法等。

(4)贝克曼梁法适用于测试各类路基路面的回弹弯沉,以评定其整体承载能力。贝克曼梁法测试路基路面回弹弯沉的步骤见单元7.2。

自我检测

1.测试路基路面弯沉值常用的方法有哪几种？各测试方法有何特点？

2.试述贝克曼梁法测试路基路面弯沉的主要步骤及注意事项。

3.在什么情况下应对弯沉检测值进行修正？

模块8

沥青路面渗水系数检测

学习目标

1. 能描述渗水系数检测的概念及意义；
2. 能采用渗水仪测试沥青路面渗水系数。

学习任务

沥青路面施工结束后，应按照施工技术规范或检验评定标准所规定的检验频率实施渗水系数检测，用渗水仪测试路面一定面积上渗透至路面下层的水量。

学习指南

渗水性能的好坏将对沥青路面水稳定性和透水性产生影响。路面越粗糙，孔隙越大，路面上的水往下层渗出的水量就越多、越快，说明渗水性能越差。渗水仪测试方法原理简单，直观明了，但对操作人员的操作技能和操作经验要求较高。

本模块基于沥青路面渗水系数检测的工作过程来编写，学生应沿着如下流程进行学习：

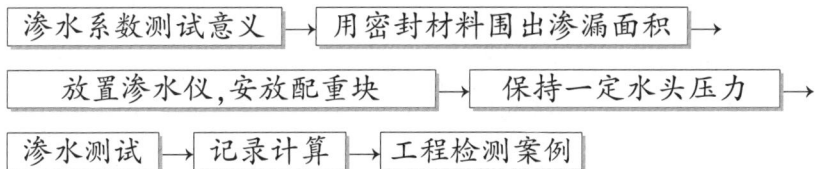

渗水系数测试意义 → 用密封材料围出渗漏面积 →

放置渗水仪，安放配重块 → 保持一定水头压力 →

渗水测试 → 记录计算 → 工程检测案例

一、概述

沥青路面必须具有良好的防渗水性，自然界中雨雪等会通过路面孔隙或裂缝渗入沥青路面结构中，导致基层软化、沥青面层开裂、松散等病害，降低路面的耐久性。沥青路面渗水性能是反映路面沥青混合料级配组成的一个间接指标，也是沥青路面水稳定性的一个重要指标。在多雨地区，应特别重视路面结构层的水稳定性和面层的透水性问题。

沥青路面渗水性能通常用渗水系数表征，路面渗水系数是指在规定的水头压力下，水在单位时间内通过一定面积的路面渗入下层的数量，单位为 mL/min。

在沥青路面某测点上，用密封材料围成一个圆形面积，使水以一定的水头压力从该面积上往下渗出，测量单位时间内渗入路面下层的水量，渗水越大越快，表示渗水性能越差。

二、测试方法与步骤

1.仪具与材料技术要求

（1）路面渗水仪：形式如图 8-1、图 8-2 所示。上部盛水量筒由透明有机玻璃制成，容积 600mL，上有刻度，在 100mL 和 500mL 处有粗标线，下方通过 $\phi10mm$ 的细管与底座相连，中间有一开关。量筒通过支架连接，底座下方开口内径 150mm，外径 220mm。仪器附不锈钢圈压重 2 个，每个质量约 5kg，内径 160mm。

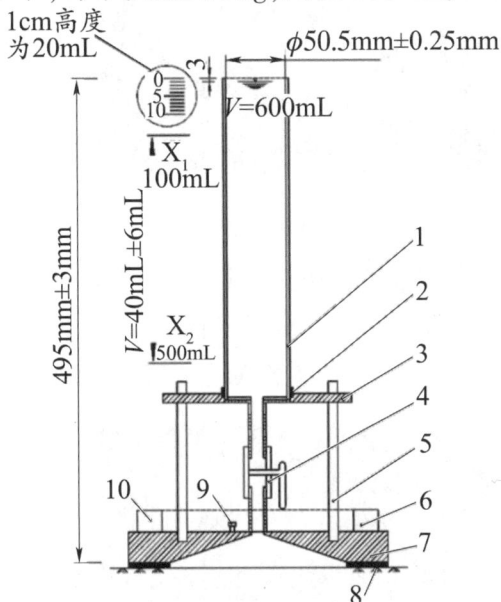

图 8-1　渗水仪结构图

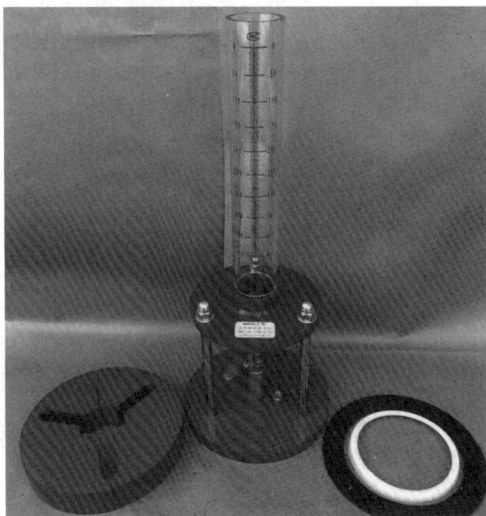

1-盛水量筒；2-螺纹连接；3-顶板；4-阀；5-立柱支架；
6-压重钢圈；7-底座；8-密封材料；9-排气孔；10-套环

图 8-2　渗水仪实物图

（2）套环：金属圆环，宽度 5mm，内径 145mm，主要防止密封材料被挤压进入测试面而导致渗水面积不一致。

（3）水桶及大漏斗。

（4）秒表。

（5）密封材料：防水腻子、油灰或橡皮泥。

（6）其他：水、粉笔、塑料圈、刮刀、扫帚等。

2.检测方法与步骤

（1）准备工作

①每个测试位置按《公路路基路面现场测试规程》（JTG 3450—2019）附录 A"公路路基路面现场测试随机选点方法"规定的方法，随机选择 3 个测点，并用粉笔画上测试标记。

②用扫帚清扫表面，并用刷子将路面表面的杂物刷去。

③新建沥青路面的渗水试验宜在沥青路面碾压成型后 12 小时内完成。

（2）测试步骤

①将塑料圈置于路面表面的测点上，用粉笔分别沿塑料圈的内侧和外侧画上圈，见图 8-3，在外环和内环之间的部分就是需要用密封材料进行密封的区域。

②用密封材料对环状密封区域进行密封处理，注意不要使密封材料进入内圈。如果密封材料不小心进入内圈，必须用刮刀将其刮走；然后再将搓成拇指粗细的条状密封材料摆在环状密封区域的中央，并且摆成一圈，见图8-4。

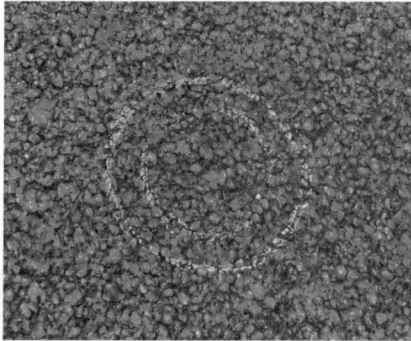

图8-3　用粉笔画密封区域

图8-4　在内圈之外涂密封材料

③将渗水仪放在路面表面的测点上（图8-5），注意使渗水仪的中心尽量和圆环中心重合，然后略微使劲将渗水仪压在条状密封材料表面；采用同样的方法将渗水仪放在套环上并对中，施加压力将渗水仪压在套环上，再将配重加上（图8-6），以防压力水从底座与路面间流出。

图8-5　将渗水仪放在测点上

图8-6　加上配重块

④将开关及排气孔关闭，向量筒中注水超过100mL刻度，然后打开开关和排气孔，使量筒中的水下流排出渗水仪底部内的空气。当量筒中水面下降速度变慢时，用双手轻压渗水仪，使渗水仪底部的气泡全部排出；当水自排气孔顺畅排出时，关闭开关和排气孔，并再次向量筒中注水至100mL刻度以上。

⑤将开关打开，待水面下降至100mL刻度时，立即开动秒表开始计时，计时3min后立即记录水量，结束试验；当计时不到3min水面已下降至500mL时，立即记录水面下降至500mL时的时间，结束试验。当开关打开后3min时间内水面无法下降至500mL刻度时，则开动秒表计时测试3min内渗水量即可结束试验。

⑥测试过程中，如水从底座与密封材料间渗出，则底座与路面间密封不好，此试验结果为无效。关闭开关，采用密封材料补充密封，重新按④~⑤测试。如果仍然有水渗出，应在

同一纵向位置沿宽度方向就近选择位置,重新按照④~⑤测试。

⑦测试过程中,如水从外环圈以外路面中渗出,可以人工将密封材料在外环圈之外5cm宽度范围内再次进行密封处理,重新按④~⑤测试,只要密封范围内无水渗出,则认为试验结果为有效。

⑧重复①~⑦的步骤,测试3个测点的渗水系数。

3.检测结果计算

(1)沥青路面的渗水系数按式(8-1)计算,准确至0.1mL/min。

$$C_{\mathrm{W}} = \frac{V_2 - V_1}{t_2 - t_1} \times 60 \tag{8-1}$$

式中:C_{W}——路面渗水系数(mL/min);

　　　V_1——第一次计时时的水量(mL),通常为100mL;

　　　V_2——第二次计时时的水量(mL),通常为500mL;

　　　t_1——第一次计时时的时间(s);

　　　t_2——第二次计时时的时间(s)。

【想一想】　V_1通常为多少? t_1通常为多少?

(2)以3个测点渗水系数的平均值作为该测试位置的结果,准确至1mL/min。

4.试验检测结果

现场检测数据记录格式如表8-1所示。

沥青路面渗水试验记录表　　　　　　　　　　　　　表8-1

施工单位		××工程公司			工程部位			沥青混凝土路面上面层	
现场桩号		K2+300~K2+900			试样描述			平整、无杂物	
测点编号	桩号	距路边缘距离(m)	外观描述	渗水情况读数(mL)				渗水系数(mL/min)	平均值(mL/min)
				30s末	1min末	2min末	3min末		
1	K2+380	5.40	100	213	/	37.7			38
		7.74	100	187	/	29.0			
		4.17	100	241	/	47.0			
2	K2+580	1.31	100	234	/	44.7			37
		0.77	100	255	/	51.7			
		6.92	100	110	/	3.3			
3	K2+780	3.05	/	/	75	400.0			337
		3.21	100	245	/	48.3			
		3.33	/	/	114	263.0			
备注:根据《公路工程质量检验评定标准　第一册　土建工程》(JTG F80/1—2017)规定,一级公路渗水系数标准为≤200mL/min									
结论:经检测,该段落渗水系数合格率为66.7%									

三、注意事项

（1）用密封材料对环状密封区域进行密封处理时，注意不要使密封材料进入内圈。如果密封材料不小心进入内圈，必须用刮刀将其刮走。

（2）读数分为两种情况，渗水正常（即相对较慢，刻度没有下降至500mL）时，按3min读取渗水量，计算渗水系数；渗水较快时，读取刻度下降至500mL所需时间，计算渗水系数。

（3）注意一般情况下t_1为0s（秒表不归零情况除外），V_1通常为100mL，而不是0mL。

🔑 模块小结

（1）沥青路面渗水性能是反映路面沥青混合料级配组成的一个间接指标，也是沥青路面水稳定性的一个重要指标。在多雨地区，应特别重视路面结构层的水稳定性和面层的透水性问题。

（2）沥青路面渗水性能通常用渗水系数表征，路面渗水系数是指在规定的水头压力下，水在单位时间内通过一定面积的路面渗入下层的数量，单位为mL/min。

（3）沥青渗水性能测试采用渗水仪，其测试步骤见本模块相关内容。

📖 自我检测

1. 简述路面渗水系数的概念及测试意义。
2. 简述路面渗水仪测试沥青路面渗水系数的试验步骤。

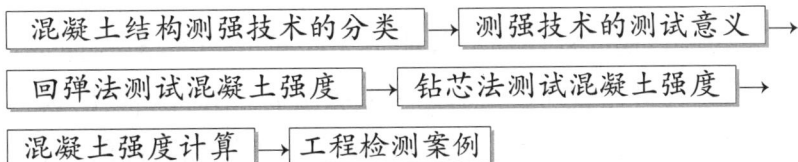

模块 9
水泥混凝土质量检测

学习目标

1. 了解混凝土测强技术；
2. 了解无损检测法和部分破损法检测混凝土强度的特点和意义；
3. 能描述回弹法测试混凝土抗压强度的原理；
4. 能采用回弹法测试混凝土抗压强度；
5. 能采用钻芯法测试混凝土抗压强度。

学习任务

当对混凝土试件的代表性有怀疑或需要确定混凝土工程的强度时，宜在混凝土结构物上运用无损检测法或部分破损法测试混凝土的实际强度。

学习指南

混凝土的测强技术按其对混凝土结构的影响程度分为无损检测法和部分破损法。

回弹法是无损检测法中的典型代表，通过事先建立混凝土强度与某些物理量（比如回弹值）之间的相关关系，从而利用回弹值换算混凝土强度。回弹法仪器简单、操作方便、费用低廉，适合于大范围检测，条件是建立的测强关系曲线准确、实用。

钻芯法测试结构混凝土强度是利用专用钻机从结构混凝土中钻取芯样，通过室内芯样加工和试压得到混凝土的抗压强度，作为评定结构混凝土强度的主要指标。钻芯法的优点是能够直接测得构件混凝土强度，缺点是钻芯法会对构件造成损伤，且取芯和芯样加工费时费力，因此应尽量避免采用钻芯法检测构件抗压强度。

本模块基于水泥混凝土质量检测的工作过程来编写，学生应沿着如下流程进行学习：

混凝土结构测强技术的分类 → 测强技术的测试意义 →
回弹法测试混凝土强度 → 钻芯法测试混凝土强度 →
混凝土强度计算 → 工程检测案例

单元9.1　混凝土测强技术

混凝土是交通工程中主要的建筑材料之一。混凝土的质量将直接影响工程实体的质量。所以,加强对混凝土质量的检测和控制显得尤为重要。作为结构工程质量检测,其中主要的内容之一就是现场检测混凝土的强度。

混凝土的测强技术按其对混凝土结构的影响程度分为无损检测法和部分破损法。

一、无损检测法

无损检测法以混凝土强度与某些物理量之间的相关性为基础,检测时在不影响构件混凝土任何性能的前提下测试这些物理量,然后根据相关关系推算被测混凝土的强度推定值。其主要方法有:回弹法、超声法、超声回弹综合法、射线法、成熟度法等。此类方法所用仪器简单、操作方便、费用低廉,同时便于大范围检测,在有严格的测强曲线的条件下,其测试精度较高。

当对混凝土试件的代表性有怀疑或需要确定混凝土工程的强度时,必须直接在混凝土结构物上运用无损检测法测试混凝土的实际强度,有以下几种情况需要采用无破损测强技术:

(1)由于施工控制不严或施工过程中某种意外事故可能影响混凝土的质量,以及发现预留试块的取样、制作、养护、强度试验不符合有关技术规程或标准规定条款,怀疑预留试件强度不能代表结构混凝土的实际强度时,应采用无损检测方法检测和推定混凝土强度作为结构混凝土合格性评定及验收的依据。

(2)当需要了解混凝土在施工期间的强度增长情况,以满足结构或构件的拆模、出养护池、出厂、吊装、预应力筋的张拉或放张,以及施工期间负荷对混凝土强度的要求时,可运用无损检测方法连续检测结构混凝土强度的发展,以便及时调整施工进程。在确保质量的前提下加快施工进度,加速场地周转,降低能耗。同时,也可以用无损测强作为施工过程中质量监控的重要手段,以便迅速反馈给下一道工序,及时调整工艺参数。

(3)对已建成结构需要进行维修、加层、拆除等决策时,或受灾害性因素影响时,可采用无损检测方法对原有混凝土进行强度推定,以便提供改建、加固设计时的基本强度参数和其他设计依据。

本教材仅介绍回弹法。回弹法在我国使用已六十余年,随着检测技术的不断成熟,已得到越来越广泛的应用。这不仅是因为回弹法简便、灵活、符合国情,更是由于我国已成功解决了回弹法使用精度不高和不能普遍推广的关键问题。

二、部分破损法

部分破损法以不影响结构或构件的承载能力为前提,在结构或构件上直接进行局部破坏性试验,或直接钻取芯样进行破坏性试验。主要方法有:钻芯法、拔出法、射击法等。此类方法较直观可靠,测试结果易为人们接受,但对混凝土结构造成局部破坏,不宜大范围检测,且费用较高,因而受到种种限制。

钻芯法是利用专用钻机,从混凝土结构中钻取芯样以检测混凝土强度或观察混凝土内部质量的一种方法。钻芯法检测混凝土强度有直观准确的优点,但其缺点是对构件的损伤较大,除非其他检测方法存在较大差异时,一般应较少使用。

单元9.2 回弹法测试水泥混凝土抗压强度

一、概述

回弹法是用一弹簧驱动的重锤,通过弹击杆弹击混凝土表面,并测出重锤被反弹回来的距离,以回弹值作为与强度相关的指标来推定混凝土强度的一种方法。由于测量是在混凝土表面进行,所以属于表面硬度法的一种。

完成回弹法任务,首先要对回弹仪进行率定;其次是做好选择构件、布置测区等准备工作,并按仪器说明书和规范所列步骤实施回弹值的测试;最后进行结果计算,通过对测区回弹值平均值的计算及修正,计算测区混凝土强度换算值,从而确定结构或构件的混凝土强度推定值。

二、测试方法与步骤

1. 主要测试仪器设备

(1)回弹仪:指针直读式的回弹仪,构造和主要零件见图9-1,也可采用数字显示仪或自动记录式的回弹仪。

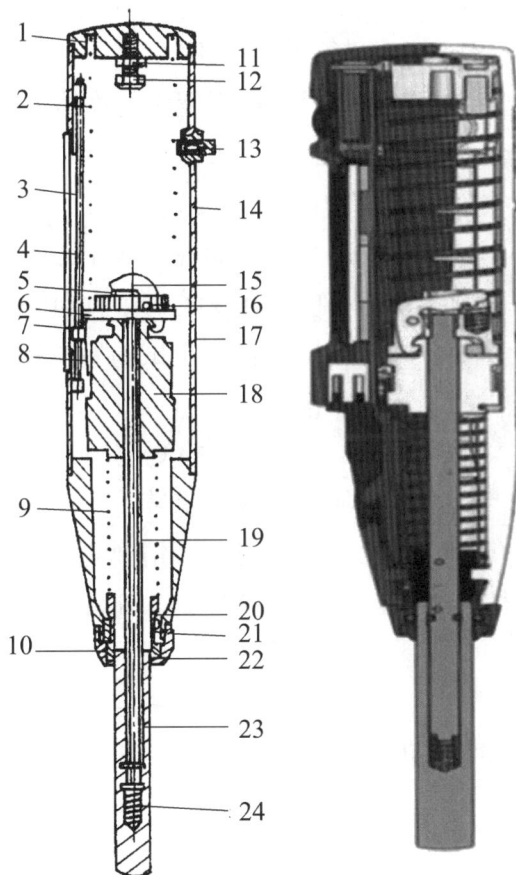

图9-1 回弹仪结构图

1-尾盖;2-压簧;3-刻度尺;4-指针轴;5-挂钩压簧;6-导向法兰;7-指示块;8-指针片;9-弹击拉簧;10-盖帽;11-紧固螺母;12-调零螺钉;13-按钮;14-外壳;15-挂钩;16-挂钩销子;17-外壳;18-弹击锤;19-中心导杆;20-拉簧座;21-卡环;22-密封毡帽;23-弹击杆;24-缓冲压簧

①回弹仪的技术要求。

a. 水平弹击时，弹击锤脱钩的瞬间，回弹仪的标称能量应为2.207J；

b. 弹击锤与弹击杆碰撞的瞬间，弹击拉簧应处于自由状态，且弹击锤起跳点应相应位于指针指示刻度尺上"0"处；

c. 在洛氏硬度HRC为60±2的钢砧上，回弹仪的率定值应为80±2；

d. 数字式回弹仪应带有指针直读示值系统；数字显示的回弹值与指针直读示值相差不应超过1；

e. 回弹仪使用时的环境温度应为-4~40℃。

②回弹仪的检定。

回弹仪检定周期为半年，当回弹仪有下列情况之一时应送检定单位检定：

a. 新回弹仪启用前；

b. 超过检定有效期限；

c. 数字式回弹仪显示的回弹值与指针直读示值相差大于1；

d. 经保养后钢砧率定值不合格；

e. 遭受严重撞击或其他损害。

③回弹仪的率定。

a. 回弹仪率定试验应在室温为5~35℃的条件下进行；

b. 钢砧表面应干燥、清洁，并应稳固地平放在刚度大的物体上；

c. 回弹值应取连续向下弹击三次的稳定回弹结果的平均值（图9-2）；

d. 率定试验应分四个方向进行，且每个方向弹击前，弹击杆应旋转90°，每个方向的回弹平均值均应为80±2；

e. 回弹仪率定试验所用钢砧应每2年送检定单位检定或校准；

f. 回弹仪在检测前后，均应在钢砧上做率定试验。

④回弹仪的保养。

回弹仪有下列情况之一时，应进行常规保养：

a. 弹击超过2000次；

b. 对检测值有怀疑时；

c. 在钢砧上的率定值不合格。

图9-2 回弹仪的率定

回弹仪保养可以按仪器说明书进行，也可参照《回弹法检测混凝土抗压强度技术规程》（JGJ/T 23—2011）保养。

（2）碳化深度测深尺。

（3）酚酞酒精溶液，浓度为1%。

（4）钢砧。

（5）手提式砂轮。

（6）其他：卷尺、钢尺、凿子、锤、毛刷等。

2.检测方法与步骤

（1）资料准备

需进行无损检测法测试的构件,在检测前,应具备下列有关资料:

①工程名称及设计、施工单位名称;

②构件名称、数量及混凝土类型强度等级;

③水泥安定性、外加剂或掺合料品种、掺量,混凝土配合比等;

④施工模板,混凝土浇筑、养护情况及浇筑日期等;

⑤必要的设计图纸和施工记录;

⑥检测原因。

（2）构件检测数量的确定

①单个构件检测:适用于单个结构或构件的检测。

②批量构件检测:适用于在相同的生产工艺条件下,混凝土强度等级相同,原材料、配合比、养护条件基本一致且龄期相近的同类构件。按批进行检测时,应随机抽取构件,抽检数量不宜少于同批构件总数的30%且不宜少于10件。当检验批构件数量大于30个时,抽样构件数量可适当调整,并不得少于国家现行有关标准规定的最少要抽样数量。

（3）测区布置

检测构件时,需要测区布置,因为测区是进行测试的单元。每一构件的测区应符合下列规定:

①对于一般构件,测区数不宜少于10个。当受检构件数量大于30个且不需提供单个构件推定强度或受检构件某一方向尺寸不大于4.5m且另一方向尺寸不大于0.3m时,每个构件的测区数量可适当减少,但不应少于5个。

②相邻两测区的间距不应大于2m;测区离构件端部或施工缝边缘的距离不宜大于0.5m,且不宜小于0.2m。

③测区宜选在能使回弹仪处于水平方向的混凝土浇筑侧面。当不能满足这一要求时,也可选在使回弹仪处于非水平方向的混凝土浇筑表面或底面。

④测区宜布置在构件的两个对称可测面上,当不能布置在对称的可测面上时,也可布置在同一个可测面上,且应均匀分布。在构件的重要部位及薄弱部位应布置测区,并应避开预埋件。

⑤测区的面积不宜大于0.04m²。

⑥检测表面应为混凝土表面,并应清洁、平整,不应有疏松层、浮浆、油垢、涂层以及蜂窝、麻面。

⑦对于弹击时产生颤动的薄壁、小型构件,应进行固定。

⑧检测泵送混凝土强度时,测区应选在混凝土浇筑侧面(即不能布置在浇筑底面、表面)。

⑨测区应标有清晰的编号,并宜在记录纸上绘制测区布置示意图和描述外观质量情况。

（4）回弹值的测试

按上述方法选取构件和布置测区后,先测试回弹值。

①回弹仪的操作:将弹击杆顶住混凝土的表面,轻压仪器,松开按钮,弹击杆徐徐伸出。使仪器对混凝土表面缓慢均匀施压,待弹击锤脱钩冲击弹击杆后即回弹,带动指针向后移动

并停留在某一位置上，即为回弹值。继续顶住混凝土表面并在读取和记录回弹值后，逐渐对仪器减压，使弹击杆自仪器内伸出，改变测点重复上述操作，即可测得被测构件或结构的若干回弹值。

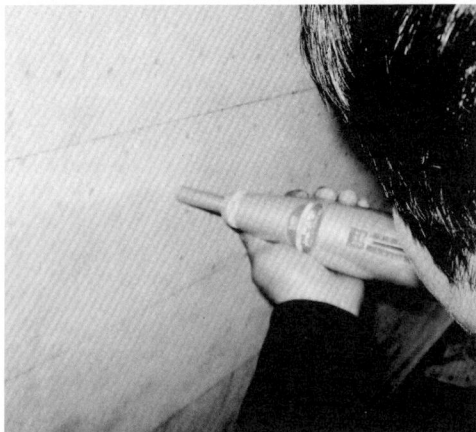

图9-3　回弹仪的操作

测量回弹仪时，回弹仪的轴线应始终垂直于混凝土构件的检测面，并应缓慢施压，准确读数，快速复位，如图9-3所示。

【想一想】　回弹仪的操作是要始终保持水平方向还是始终垂直于混凝土构件的检测面？

②测点布置：每一测区应读取16个回弹值。每一测点的回弹值读数应精确至1。回弹测点宜在测区范围内均匀分布，相邻两测点的净距离不宜小于20mm；测点距外露钢筋、预埋件的距离不宜小于30mm。测点不应在气孔或外露石子上，同一测点只应弹击一次。

（5）混凝土碳化深度的测试

混凝土的碳化作用是指混凝土内的$Ca(OH)_2$受空气中CO_2气体作用生成硬度较高的$CaCO_3$。混凝土碳化使混凝土表面回弹值增大（但对混凝土本身强度并无影响）从而影响回弹法测强值。所以，要借助于碳化深度测量仪对混凝土的碳化深度进行测试，根据碳化深度对回弹测强值带来的影响进行必要的修正。

①测点布置：回弹值测量完毕后，应在有代表性测区上测量碳化深度值，测点数不应小于构件测区数的30%，应取其平均值作为该构件每测区的碳化深度值d_m。当碳化深度值极差大于2.0mm时，应在每一测区分别测量碳化深度值。

②测试方法：

a. 用适当的工具在测区的表面形成直径约为15mm的孔洞（图9-4），其深度应大于混凝土的碳化深度。

b. 应清除孔洞中粉末和碎屑，且不得用水擦洗。

c. 立即用深度在1%的酚酞酒精溶液滴在孔洞内壁的边缘处，当已碳化与未碳化界线清晰时，应用碳化量仪测量已碳化与未碳化混凝土交界面到混凝土表面的垂直距离，并应测量3次，每次读数精确至0.25mm。

d. 应取3次测量的平均值作为检测结果，并应精确至0.5mm。

3. 测区回弹值计算和测区混凝土强度的确定

（1）测区平均回弹值的计算

从该测区的16个回弹值中剔除3个最大值和3个最小值，按式（9-1）计算余下的10个回弹值的平均值。

$$R_m = \frac{\sum\limits_{i=1}^{10} R_i}{10}$$　　　　　　（9-1）

式中：R_m——测区平均回弹值，精确至0.1；

R_i——第 i 个测点的回弹值。

（2）测试角度修正

由于回弹法测强曲线是根据回弹仪水平方向测试混凝土试件侧面的试验数据计算得出的,因此,当无法满足水平方向测试时,需对测得的回弹值进行角度修正。非水平方向检测混凝土浇筑侧面时,测区平均回弹值根据回弹仪轴线与水平方向的角度 α（图9-5）按式(9-2)修正。

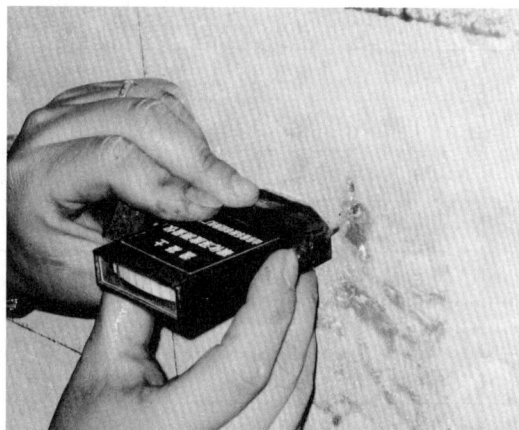

图9-4　碳化深度测深尺的使用

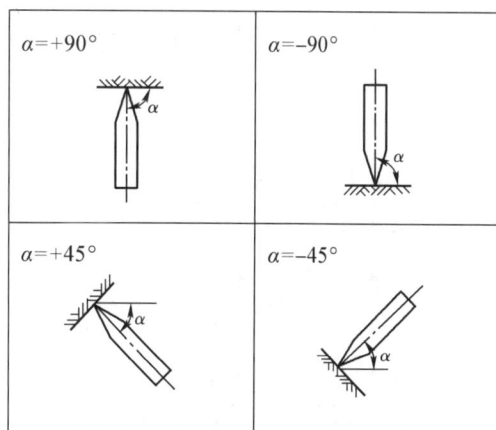

图9-5　回弹仪测试角度示意图

$$R_m = R_{m\alpha} + R_{a\alpha} \tag{9-2}$$

式中: $R_{m\alpha}$——非水平方向检测时测区的平均回弹值,精确至0.1;

　　　$R_{a\alpha}$——非水平方向检测时回弹值修正值,应按表9-1查取。

非水平方向检测时的回弹值修正值　　　　　　　　　　　表9-1

$R_{m\alpha}$	检测角度							
	向上				向下			
	+90°	+60°	+45°	+30°	-30°	-45°	-60°	-90°
20	-6.0	-5.0	-4.0	-3.0	+2.5	+3.0	+3.5	+4.0
21	-5.9	-4.9	-4.0	-3.0	+2.5	+3.0	+3.5	+4.0
22	-5.8	-4.8	-3.9	-2.9	+2.4	+2.9	+3.4	+3.9
23	-5.7	-4.7	-3.9	-2.9	+2.4	+2.9	+3.4	+3.9
24	-5.6	-4.6	-3.8	-2.8	+2.3	+2.8	+3.3	+3.8
25	-5.5	-4.5	-3.8	-2.8	+2.3	+2.8	+3.3	+3.8
26	-5.4	-4.4	-3.7	-2.7	+2.2	+2.7	+3.2	+3.7
27	-5.3	-4.3	-3.7	-2.7	+2.2	+2.7	+3.2	+3.7
28	-5.2	-4.2	-3.6	-2.6	+2.1	+2.6	+3.1	+3.6
29	-5.1	-4.1	-3.6	-2.6	+2.1	+2.6	+3.1	+3.6
30	-5.0	-4.0	-3.5	-2.5	+2.0	+2.5	+3.0	+3.5
31	-4.9	-4.0	-3.5	-2.5	+2.0	+2.5	+3.0	+3.5
32	-4.8	-3.9	-3.4	-2.4	+1.9	+2.4	+2.9	+3.4
33	-4.7	-3.9	-3.4	-2.4	+1.9	+2.4	+2.9	+3.4
34	-4.6	-3.8	-3.3	-2.3	+1.8	+2.3	+2.8	+3.3

$R_{m\alpha}$	检测角度							
	向上				向下			
	+90°	+60°	+45°	+30°	−30°	−45°	−60°	−90°
35	−4.5	−3.8	−3.3	−2.3	+1.8	+2.3	+2.8	+3.3
36	−4.4	−3.7	−3.2	−2.2	+1.7	+2.2	+2.7	+3.2
37	−4.3	−3.7	−3.2	−2.2	+1.7	+2.2	+2.7	+3.2
38	−4.2	−3.6	−3.1	−2.1	+1.6	+2.1	+2.6	+3.1
39	−4.1	−3.6	−3.1	−2.1	+1.6	+2.1	+2.6	+3.1
40	−4.0	−3.5	−3.0	−2.0	+1.5	+2.0	+2.5	+3.0
41	−4.0	−3.5	−3.0	−2.0	+1.5	+2.0	+2.5	+3.0
42	−3.9	−3.4	−2.9	−1.9	+1.4	+1.9	+2.4	+2.9
43	−3.9	−3.4	−2.9	−1.9	+1.4	+1.9	+2.4	+2.9
44	−3.8	−3.3	−2.8	−1.8	+1.3	+1.8	+2.3	+2.8
45	−3.8	−3.3	−2.8	−1.8	+1.3	+1.8	+2.3	+2.8
46	−3.7	−3.2	−2.7	−1.7	+1.2	+1.7	+2.2	+2.7
47	−3.7	−3.2	−2.7	−1.7	+1.2	+1.7	+2.2	+2.7
48	−3.6	−3.1	−2.6	−1.6	+1.1	+1.6	+2.1	+2.6
49	−3.6	−3.1	−2.6	−1.6	+1.1	+1.6	+2.1	+2.6
50	−3.5	−3.0	−2.5	−1.5	+1.0	+1.5	+2.0	+2.5

注：1. $R_{m\alpha}$ 小于20或大于50时，均分别按20或50查表。

   2. 表中未列入的相应于 $R_{m\alpha}$ 的修正值，可用内插法求得，精确至0.1。

（3）测试面修正

水平方向检测混凝土浇筑表面或底面时，测区的平均回弹值应按式（9-3a）和式（9-3b）进行修正：

$$R_m = R_m^t + R_a^t \tag{9-3a}$$

$$R_m = R_m^b + R_a^b \tag{9-3b}$$

式中：R_m^t、R_m^b——水平方向检测混凝土浇筑表面或底面时，测区的平均回弹值，精确至0.1；

R_a^t、R_a^b——混凝土浇筑表面、底面时回弹值的修正值，按表9-2查取。

不同浇筑面的回弹值修正值　　　　　　　　表 9-2

R_m^t 或 R_m^b	表面修正值 R_a^t	底面修正值 R_a^b	R_m^t 或 R_m^b	表面修正值 R_a^t	底面修正值 R_a^b
20	+2.5	−3.0	25	+2.0	−2.5
21	+2.4	−2.9	26	+1.9	−2.4
22	+2.3	−2.8	27	+1.8	−2.3
23	+2.2	−2.7	28	+1.7	−2.2
24	+2.1	−2.6	29	+1.6	−2.1

续上表

R_m^t 或 R_m^b	表面修正值 R_a^t	底面修正值 R_a^b	R_m^t 或 R_m^b	表面修正值 R_a^t	底面修正值 R_a^b
30	+1.5	−2.0	41	+0.4	−0.9
31	+1.4	−1.9	42	+0.3	−0.8
32	+1.3	−1.8	43	+0.2	−0.7
33	+1.2	−1.7	44	+0.1	−0.6
34	+1.1	−1.6	45	0	−0.5
35	+1.0	−1.5	46	0	−0.4
36	+0.9	−1.4	47	0	−0.3
37	+0.8	−1.3	48	0	−0.2
38	+0.7	−1.2	49	0	−0.1
39	+0.6	−1.1	50	0	0
40	+0.5	−1.0			

注:1. R_m^t 或 R_m^b 小于20或大于50时,均分别按20或50查表。

2. 表中有关混凝土浇筑表面的修正值是指一般原浆抹面的修正值。

3. 表中有关混凝土浇筑底面的修正值是指构件底面与侧面采用同一类模板在正常浇筑情况下的修正值。

4. 表中未列入的相应于 R_m^t 或 R_m^b 的 R_a^t 和 R_a^b 值,可用内插法求得,精确至0.1。

（4）修正顺序

当回弹仪为非水平方向且测试面为混凝土的非浇筑侧面时,应先对回弹值进行角度修正,然后再进行浇筑面修正。如果修正顺序颠倒过来,则影响计算结果。

【问一问】 如果测试时仪器既非水平方向又非混凝土的浇筑侧面,修正顺序是先进行角度修正,还是先进行浇筑面修正?

（5）测区混凝土强度换算值的确定

根据每个测区修正以后的回弹结果及碳化深度查表或通过公式计算得出该测区的混凝土强度换算值 $f_{cu,i}^c$。构件第 i 个测区混凝土强度换算值,可按该测区的平均回弹值 R_m 及平均碳化深度值 d_m 由测区混凝土强度换算表（见附录1）查表或按公式计算得出。当有地区测强曲线或专用测强曲线时宜按地区或专用测强曲线换算得出。对于泵送混凝土,有其单独的泵送混凝土测区强度换算表,具体详见《回弹法检测混凝土抗压强度技术规程》（JGJ/T 23—2011）,此处不再赘述。

【备注】

（1）统一测强曲线:由全国有代表性的材料、成型工艺制作的混凝土试件,通过试验所建立的测强曲线。

（2）地区测强曲线:由本地区常用的材料、成型工艺制作的混凝土试件,通过试验所建立的测强曲线。

（3）专用测强曲线:由与构件混凝土相同的材料、成型工艺制作的混凝土试件,通过试验所建立的测强曲线。

(4)检测单位宜按专用测强曲线、地区测强曲线、统一测强曲线的顺序选用测强曲线。

【问一问】 以上这一步得出的是测区混凝土强度换算值还是构件的混凝土强度?

(6)统一测强曲线的适用条件

①符合下列条件的非泵送混凝土方可采用附录1进行测区混凝土强度换算(泵送混凝土另有单独换算表):

a. 混凝土采用的水泥、砂石、外加剂、掺合料、拌和用水符合国家现行有关标准;

b. 采用普通成型工艺;

c. 采用符合国家标准规定的钢模;

d. 蒸汽养护出池后经自然养护7d以上,且混凝土表层为干燥状态;

e. 龄期为14~1000d;

f. 抗压强度为10~60MPa。

②测区混凝土强度换算值的误差值应符合下列规定:

a. 平均相对误差 δ 不应大于 $\pm 15.0\%$;

b. 相对标准差 e_r 不应大于18.0%。

③当有下列情况之一时,测区混凝土强度不得按附录1进行换算:

a. 粗集料最大粒径大于60mm;

b. 特种成型工艺制作的混凝土;

c. 检测部位曲率半径小于250mm;

d. 潮湿或浸水混凝土。

4. 构件混凝土强度计算

根据各测区混凝土强度换算值,计算该(或该批)构件所有测区混凝土强度换算值的平均值、标准差,最终根据测区数的不同采用相应的公式确定构件混凝土强度(推定值)。

(1)构件的测区混凝土强度平均值($m_{f_{cu}^c}$)可根据各测区的混凝土强度换算值($f_{cu,i}^c$)计算。当测区数为10个及以上时,应计算强度标准差。平均值和标准差按式(9-4)和式(9-5)计算。

$$m_{f_{cu}^c} = \frac{\sum_{i=1}^n f_{cu,i}^c}{n} \tag{9-4}$$

$$S_{f_{cu}^c} = \sqrt{\frac{\sum_{i=1}^n (f_{cu,i}^c)^2 - n(m_{f_{cu}^c})^2}{n-1}} \tag{9-5}$$

式中:$m_{f_{cu}^c}$——结构或构件测区混凝土强度换算值的平均值(MPa),精确至0.1MPa;

$f_{cu,i}^c$——各测区混凝土强度换算值(MPa);

n——对于单个检测的构件,取一个构件的测区数;对批量检测的构件,取被抽检构件测区数之和;

$S_{f_{cu}^c}$——结构或构件测区混凝土强度换算值的标准差(MPa),精确至0.01MPa。

【问一问】 这一步得出的是结构混凝土强度吗?

(2)构件的混凝土强度推定值应按下列公式确定。

①当构件测区数少于 10 个时,构件中最小的测区混凝土强度换算值即为构件的混凝土强度推定值($f_{cu,e}$):

$$f_{cu,e} = f_{cu,min}^{c} \tag{9-6}$$

式中:$f_{cu,min}^{c}$——构件中最小的测区混凝土强度换算值。

②当构件测区强度值中出现小于 10.0MPa 时,记为:

$$f_{cu,e} < 10.0\text{MPa} \tag{9-7}$$

③当该结构或构件测区数不少于 10 个或按批量检测时,应按式(9-8)计算:

$$f_{cu,e} = m_{f_{cu}^c} - 1.645 S_{f_{cu}^c} \tag{9-8}$$

注:构件的混凝土强度推定值是指相应于强度换算值总体分布中保证率不低于 95% 的结构或构件中的混凝土抗压强度值。

④对按批量检测的构件,当该批构件混凝土强度标准差出现下列情况之一时,则该批构件应全部按单个构件检测。

a. 当该批构件混凝土强度平均值小于 25MPa、$S_{f_{cu}^c}$ 大于 4.5MPa 时;

b. 当该批构件混凝土强度平均值不小于 25MPa 且不大于 60MPa、$S_{f_{cu}^c}$ 大于 5.5MPa 时。

三、试验检测结果

某 K292 + 450 跨线桥 3 号板梁设计混凝土强度等级为 C30,自然养护,龄期为 40d,其试件的 28d 抗压强度达不到要求,经分析,板梁混凝土浇筑、养护情况正常,怀疑是预留试件强度不能代表结构混凝土的实际强度,现决定按《回弹法检测混凝土抗压强度技术规程》(JGJ/T 23—2011)采用回弹法检测板梁强度。

现场对 3 号板梁测试时,在梁的底面选择具有代表性的测区采用回弹法测试,其回弹值及碳化深度值列于表 9-3 中。

回弹法检测原始记录表 表 9-3

工程项目编号:K292 + 450 跨线桥　　　　标段:　　　施工单位:

结构物名称	测区	回弹值(R_i)																
		1	2	3	4	5	6	7	8	9	10	11	12	13	14	15	16	R_m
结构物名称:K292 + 450 跨线桥	1	38	36	44	38	38	35	36	38	37	38	37	38	37	37	38	38	37.6
	2	38	38	47	39	38	42	40	40	41	39	39	37	45	38	39	37	39.1
构件名称:3 号板梁	3	42	39	37	38	45	37	40	41	40	38	38	38	40	42	39	41	39.4
	4	40	38	37	46	42	40	46	38	49	44	44	37	41	37	39	39	40.5
设计强度(MPa):C30	5	39	38	39	36	36	40	41	39	40	43	41	43	37	37	41	45	39.5
浇筑日期:2017 年 9 月 29 日	6	41	40	49	39	39	38	37	39	37	37	42	45	38	36	37	36	38.5
	7	38	37	37	41	40	45	41	36	40	45	46	38	48	40	40	41	40.4
碳化深度(mm):0,0,0	8	41	40	46	37	49	41	38	40	47	40	39	41	52	42	38		41.7
	9	45	40	41	39	48	47	43	42	39	40	45	43	39	43	52		42.6
	10	39	36	44	43	42	50	48	38	37	40	44	36	38	43	41		41.2

续上表

测面状态	侧面、表面、底面 干燥、潮湿	回弹仪	型号:ZC3-A	编号:××××
测面角度	水平、向上、向下		率定值:81 80 80 80 81 79 80 80 80 81 80 80	测试人员 资格证号:

检测:　　　　　　　年　月　日　复核:　　　　　　年　月　日

由于当时无地区测强曲线作为参照,决定采用《回弹法检测混凝土抗压强度技术规程》(JGJ/T 23—2001)测强曲线(即统一测强曲线)进行计算,并进行修正,计算结果见表9-4。经检测得出混凝土强度推定值为30.2MPa,判定为合格。

构件混凝土强度计算表
表9-4

工程项目编号:K292＋450跨线桥　　　　标段:　　　　施工单位:

	测区 项目	1	2	3	4	5	6	7	8	9	10
回弹值	测区平均值	37.6	39.1	39.4	40.5	39.5	38.5	40.4	41.7	42.6	41.2
	角度修正值	−4.2	−4.1	−4.1	−4.0	−4.0	−4.2	−4.0	−3.9	−3.9	−4.0
	角度修正后	33.4	35.0	35.3	36.5	35.5	34.3	36.4	37.8	38.7	37.2
	浇筑面修正值	−1.7	−1.5	−1.5	−1.4	−1.4	−1.6	−1.4	−1.2	−1.1	−1.3
	浇筑面修正后	31.7	33.5	33.8	35.1	34.1	32.7	35.0	36.6	37.6	35.9
平均碳化深度值 d_m(mm)		0	0	0	0	0	0	0	0	0	0
测区强度换算值 f_{cm}^c(MPa)		26.0	29.1	29.6	32.0	30.2	27.8	31.8	34.8	36.7	33.4
构件强度计算(MPa) ($n=10$)		$mf_{cu}^c=35.7$				$S_{f_{cu}}=3.259$			$f_{cu,e}=30.2$		
使用测区强度换算表名称:统一地区 专用		结论:该构件强度为25.8MPa,不符合混凝土设计强度(C30)要求									

检测:　　　　　　　年　月　日　复核:　　　　　　年　月　日

四、注意事项

(1)回弹值测试时,应注意对混凝土表面缓慢均匀施压,切忌快速弹击,以免测量数据不准确。

(2)操作中注意不论结构物测试面与地面的角度如何,均必须保证仪器的轴线始终垂直于测试面。

(3)回弹测点宜在测区范围内均匀分布,相邻两测点的净距离不宜小于20mm;测点不应布置在气孔或外露石子上,同一测点只应弹击一次。

(4)测点距外露钢筋、预埋件的距离要超过30mm。

(5)回弹值修正顺序:应先对回弹值进行角度修正,然后再进行浇筑面修正,不得颠倒顺序。

单元9.3　钻芯法测试结构混凝土抗压强度

一、概述

钻芯法测试结构混凝土强度是指利用钻机从结构混凝土中钻取芯样以检测混凝土的抗压强度,由于其无须进行某种物理量与强度之间的换算,因此普遍被认为是一种直观、可靠和准确的检测方法。但是由于结构或构件部位的条件、所处位置及受力状态的影响,钻取芯样的数量比较少,在一定程度上可作为抽检混凝土强度、均匀性和内部缺陷的指标。

由于钻芯法会对结构混凝土造成局部损伤,是一种部分破损的现场检测手段,因此,只有在无损检测发现不合格或构件强度存在怀疑情况下,才采用钻芯法测试结构混凝土强度,可以作为结构最终混凝土强度。

采用钻芯法测试结构混凝土强度时,首先在结构上确定取芯检测区域,其次在检测区域范围内用钢筋位置探测仪找出钢筋位置,避开钢筋确定具体取芯点,用钻芯机取出长度满足要求的芯样,芯样经过加工后在压力机上试压得到芯样抗压强度值。

二、测试方法与步骤

1.主要测试仪器设备

(1)钻芯机

钻芯机应具有足够的刚度,操作灵活、固定和移动方便,并应有水冷却系统。钻取芯样时宜采用金刚石或人造金刚石薄壁钻头。钻头胎体不得有肉眼可见的裂缝、缺边、少角、倾斜及喇叭口变形。

钻芯机结构见图9-6。钻头与钻机的连接方式,主要由钻头的直径和钻机的构造决定。一般可分为直柄式、螺纹式和胀卡式三种,见图9-7。

(2)芯样切割机和磨平机

当检测混凝土强度时,应将芯样用切割机加工成具有一定尺寸的抗压试件。切割机按切割方式可分为两种类型,一种是圆锯片不移动,但工作台可以移动;另一种是锯片平行移动,但工作台不动。

锯切芯样时使用的锯切机和磨平芯样的磨平机,应具有冷却系统和牢固夹紧芯样的装置;配套使用的人造金刚石圆锯片应有足够的刚度。磨平装置应保证芯样端面与芯样轴线垂直。

(3)钢筋位置探测仪

探测钢筋位置的定位仪,应适用于现场操作,最大探测深度不应小于60mm,探测位置偏差不宜大于±5mm。

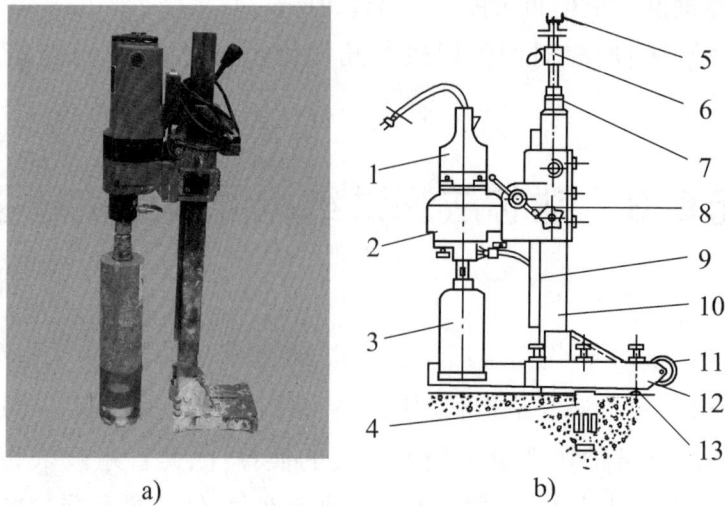

图9-6　钻芯机

a)空心薄壁钻机实物图;b)空心薄壁钻机结构示意图

1-电动机;2-变速器;3-钻头;4-膨胀螺栓;5-紧固螺钉;6-支撑杆;7-堵盖;8-进给手柄;9-升降齿条;10-立柱;11-行走轮;12-底座;13-支承螺钉

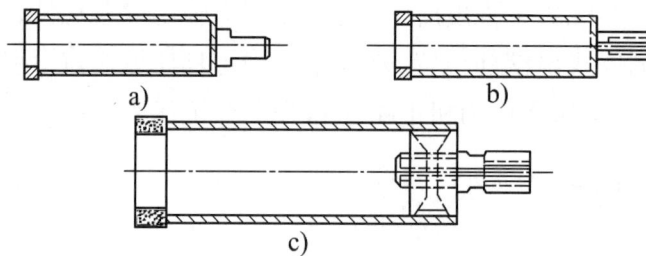

图9-7　混凝土钻芯机分类

a)直柄式;b)螺纹式;c)胀卡式

（4）压力试验机

上下压板平整并具有足够刚度,可以均匀地连续加荷或卸荷,可以保持固定荷载,开机停机均灵活自如,能够满足试件破坏荷载要求。压力机及压板的精度要求和试验精度,与立方体试块是一样的。

2.检测方法与步骤

（1）钻芯前的准备工作

①调查了解工程质量情况。

a.工程名称或代号,以及设计、施工、监理、建设单位名称;

b.结构或构件种类、外形尺寸及数量;

c.设计混凝土强度等级,混凝土的成型日期、所用的水泥品种、粗集料粒径、砂石产地及配合比等;

d.混凝土试块的抗压强度;

e.结构或构件的现有质量状况以及施工中存在问题的记录;

f.有关的结构设计图和施工图。

②钻芯尺寸的确定。

在一般情况下,抗压试验芯样试件宜使用标准芯样试件,其公称直径不宜小于集料最大粒径的3倍。在钢筋过密或因取芯位置不允许钻取较大芯样的特殊情况下,也可采用小直径芯样试件,但其公称直径不应小于70mm且不得小于集料最大粒径的2倍。

③芯样数量的确定。

a.成批构件混凝土强度检测时,取芯的数量应根据检验批的容量确定。标准芯样试件的最小样本量不宜少于15个,小直径芯样试件的最小样本量应适当增加。芯样应从检验批的结构构件中随机抽取,每个芯样应取自一个构件或结构的局部部位。

b.单个构件混凝土检测时,有效芯样试件的数量不应少于3个;对于较小构件,有效芯样试件的数量不得少于2个。

④取芯位置的选择。

a.宜在结构或构件受力较小的部位钻取。

取芯时会对结构混凝土造成局部损伤,因此在选择芯样位置时要特别慎重。其原则是:应尽量选择在结构受力较小的部位。对于一些重要构件或者一些构件的重要区域,尽量不在这些部位取芯,以免对结构安全性能工作造成不利影响。

b.宜在混凝土强度具有代表性的部位钻取。

在一个混凝土构件中由于施工条件、养护情况及不同位置的影响,各部分的强度并不是均匀一致的。在选择钻芯位置时,应考虑这些因素,以使取芯位置混凝土的强度具有代表性。

c.应避开主筋、预埋件和管线的位置,并尽量避开其他钢筋。

d.便于钻芯机安放与操作的部位。

(2)芯样钻取

混凝土芯样的钻取是钻芯测强过程的首要环节,是技术性很强的工作。芯样质量的好坏,钻头和钻机的使用寿命以及工作效率,都与操作者的熟练程度和经验有关。因此,熟练的操作技术,合理调节各部位装置,将会获得较好的钻取效果。

先将钻机安放稳固(钻机的固定方法有:配重法、真空吸附法、顶杆支撑法和膨胀螺栓法等),在未安装钻头之前,应先通电检查主轴旋转方向(三相电动机)。安装好钻头,接通水源,起动电动机,然后操作加压手柄,使钻头慢慢接触混凝土表面。当混凝土表面不平时,下钻更应特别小心,待钻头入槽稳定后,方可适当加压进钻。芯样钻取如图9-8所示。

在进钻过程中应保持冷却水的畅通,水流量宜为3~5L/min。冷却水的作用:一是防止金刚石温度升高烧毁钻头;二是及时排除钻孔中产生的大量混凝土碎屑,以利钻头不断切削新的工作面和减少钻头的磨损。水流量的大小与进钻速度和直径成正比,以达到

图9-8　芯样钻取

料屑能快速排出，又不致四处飞溅为宜。当钻头钻至芯样要求长度后，退钻至离混凝土表面20～30mm时停电停水，然后将钻头全部退出混凝土表面。如停电停水过早，则容易发生卡钻现象，尤其在深孔作业时更应特别注意。

移开钻机后，用带弧度的钢钎插入圆形槽用锤敲击，此时由于弯矩的作用，使芯样在底部与结构断离，然后将芯样提出。取出的芯样应及时编号，并检查外观质量情况，做好记录后，妥善保管，以备切割成标准尺寸的芯样试件。钻芯后留下的孔洞应及时进行修补。

为了保证安全操作，取芯机操作人员必须穿戴绝缘鞋及其他防护用品。

（3）芯样加工及技术要求

芯样从构件中取出后，应经过精心加工，加工时应小心谨慎，避免缺边掉角。芯样加工如图9-9所示。

图9-9　芯样加工

①芯样加工要求。

抗压芯样试件的高度与直径之比（H/d）宜为1.00，芯样试件的实际高径比（H/d）小于要求高径比的0.95或大于1.05时，应重新加工或废弃。加工成型的芯样如图9-10所示。

芯样试件内不宜含有钢筋。当不能满足此项要求时，抗压试件应符合下列要求：

a.标准芯样试件，每个试件内最多只允许有2根直径小于10mm的钢筋；

b.公称直径小于100mm的芯样试件，每个试件内最多只允许有一根直径小于10mm的钢筋；

c.芯样内的钢筋应与芯样试件的轴线基本垂直并离开端面10mm以上。

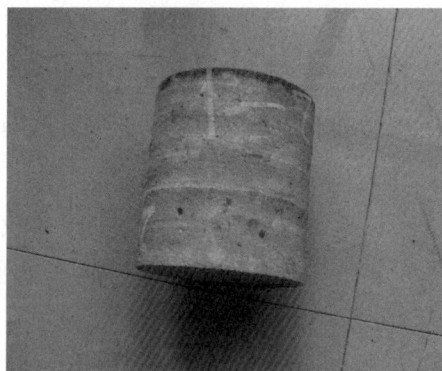

图9-10　加工成型的芯样

②芯样尺寸要求及测量方法。

a.平均直径：在钻芯过程中，由于受到钻机振动、钻头偏摆等因素的影响，沿芯样高度的任一直径以及芯样高度的各个方向并不是均匀一致的，也就是说同一芯样其直径有的部位大有的部位小。为了方便地计算芯样的截面积，故以平均直径为代表。测量平均直径[图9-11a)]时，用游标卡尺测量芯样中部，在互相垂直的两个位置上取其两次测量的算术平均值作为平均直径，精确至0.5mm。当沿芯样高度任一直径与平均直径相差达2mm以上时，芯样不能作为抗压试件使用。

b.芯样高度[图9-11b)]：用钢卷尺或钢板尺进行测量，精确至1mm。

c.端面平整度：芯样端面与立方体试块的侧面一样，是进行抗压强度试验时的承压面，其平整度对抗压强度影响很大。端面不平时，向上凸比向下凹引起的应力集中更为剧烈，如同劈裂抗拉强度破坏一样，强度下降更大。当中间凸出1mm时，其抗压强度只有平整试件的1/2左右,因此,国内外标准对芯样端面平整度有严格要求。测量端面平整度[图9-11c)]的方法是:用钢板尺或角尺紧靠在芯样端面上,一面转动钢板尺一面用塞尺测量钢板尺与芯样端面之间的缝隙,在100mm长度范围内不超过0.1mm为合格。也可采用其他专门设备量测。

d.垂直度:测量垂直度[图9-11d)]的方法是,用游标量角器分别测量两个端面与轴线间的夹角,测量精度为0.1°,不垂直度应小于1°。

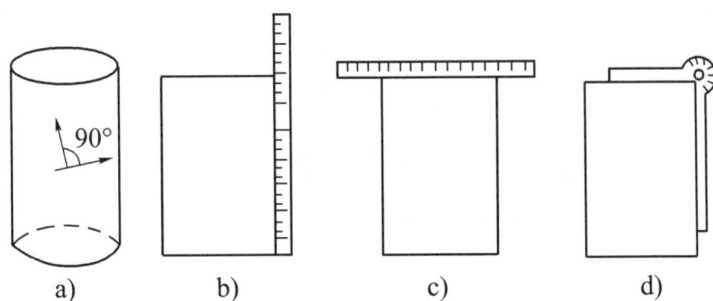

图9-11 芯样尺寸测量示意图
a)测平均直径;b)测高度;c)测平整度;d)测垂直度

③芯样切割加工与端面的修整。

a.芯样切割:采用切割机和人造金刚石圆锯片进行切割加工。芯样切割部位的选择和切割机操作正确与否,是保证芯样切割质量的重要环节。芯样加工时切除部分和保留部分应根据检测的目的确定。在一般情况下,应将影响强度试验的缺边、掉角、孔洞、疏松层、钢筋等部分切除。但是,在一些特殊情况下,如为了检测混凝土受冻或疏松层的强度时,在切割加工中要注意保留这一部分混凝土。为了抗压强度试验的方便,在满足试件尺寸要求的前提下,同一批试件应尽可能切割成同样的高度。

b.芯样端面的修整:芯样在锯切过程中,由于受到振动、夹持不紧或圆锯片偏斜等因素的影响,芯样端面的平整度及垂直度很难完全满足试件尺寸的要求。当锯切后芯样端面的平整度在100mm长度内超过0.1mm,芯样端面与轴线的垂直度超过1°时,需采用专用机具进行磨平或补平处理。芯样端面修整基本可分为两种方法:磨平法和补平法。磨平法是在磨平机的磨盘上撒上金刚石砂粒(或直接用金刚石磨轮)对芯样两端进行磨平处理,或采用金刚石车刀在车床上对芯样端面进行车光处理,直到平整度及垂直度达到要求时为止。补平法是用补平材料对芯样端面进行修整,芯样补平可用环氧胶泥或聚合物水泥砂浆补平;对于抗压强度低于40MPa的芯样试件,可采用水泥砂浆、水泥净浆或聚合物水泥砂浆补平,补平层厚度不宜大于5mm;也可采用硫黄胶泥补平,补平层厚度不宜大于1.5mm。

(4)抗压强度试验

芯样在进行抗压强度试验时,可分潮湿状态下和干燥状态下两种试验方法。在干燥状态下试验的试件,通常比经过浸湿的芯样强度高。为了使芯样试件与被测结构混凝土的湿度在基本一致的条件下进行试验,在钻芯法规程中,规定了芯样试件可在两种湿度状态下进行试验,如结构工作条件比较干燥,芯样试件应以自然干燥状态进行试验;结构工作条件比较潮湿,芯样试件应以潮湿状态进行试验。对于干燥状态,芯样应在室内充分自然干燥状态下进行试验；对于潮湿状态，芯样试件应在20℃±5℃的清水中浸泡40~48h，从水中取出后立即进行试验。

芯样试件抗压强度试验的操作应符合现行《普通混凝土力学性能试验方法标准》（GB/T 50081）中对立方体试块抗压试验的规定。

3. 试验结果计算

（1）单个芯样强度计算

芯样试件的混凝土抗压强度可按式（9-9）计算。

$$f_{cu,cor} = \frac{F_c}{A} \tag{9-9}$$

式中：$f_{cu,cor}$——芯样试件的混凝土抗压强度值（MPa）；

$\quad\quad F_c$——芯样试件的抗压试验测得的最大压力（N）；

$\quad\quad A$——芯样试件抗压截面面积（mm^2）。

（2）结构混凝土强度推定

①成批构件混凝土强度推定。

成批构件混凝土强度推定按《钻芯法检测混凝土强度技术规程》（CECS 03:2007）在置信度为0.85得出的推定区间，首先按式（9-9）计算出每个芯样的混凝土强度，再按式（9-10a）~式（9-12）得出推定区间的上限值和下限值以及平均值和标准差。

上限值：

$$f_{cu,e,1} = f_{cu,cor,m} - k_1 S_{cor} \tag{9-10a}$$

下限值：

$$f_{cu,e,2} = f_{cu,cor,m} - k_2 S_{cor} \tag{9-10b}$$

平均值：

$$f_{cu,cor,m} = \frac{\sum_{i=1}^{n} f_{cu,cor,i}}{n} \tag{9-11}$$

标准差：

$$S_{cor} = \sqrt{\frac{\sum_{i=1}^{n} (f_{cu,cor,i} - f_{cu,cor,m})^2}{n-1}} \tag{9-12}$$

式中：$f_{cu,cor,m}$——芯样试件的混凝土抗压强度平均值（MPa），精确至0.1MPa；

$\quad\quad f_{cu,cor,i}$——单个芯样试件的混凝土抗压强度值（MPa），精确至0.1MPa；

$\quad\quad f_{cu,e,1}$——混凝土抗压强度推定上限值（MPa），精确至0.1MPa；

$\quad\quad f_{cu,e,2}$——混凝土抗压强度推定下限值（MPa），精确至0.1MPa；

$\quad\quad k_1、k_2$——推定区间上限值系数和下限值系数，按表9-5查得；

$\quad\quad S_{cor}$——芯样试件抗压强度样本的标准差（MPa），精确至0.1MPa。

推定区间的上限值和下限值按《钻芯法检测混凝土强度技术规程》（CECS 03:2007）要求，$f_{cu,e,1}$与$f_{cu,e,2}$之间的差值不宜大于5.0MPa和$0.10f_{cu,cor,m}$两者的较大值。其结果以$f_{cu,e,1}$作为检验批混凝土强度的推定值。

k_1、k_2 系数　　　　　　　　　　　　　　　　　　　表 9-5

试件数 n	k_1	k_2	试件数 n	k_1	k_2	试件数 n	k_1	k_2
15	1.222	2.566	30	1.332	2.220	45	1.383	2.092
16	1.234	2.524	31	1.336	2.208	46	1.386	2.086
17	1.244	2.486	32	1.341	2.197	47	1.389	2.081
18	1.254	2.453	33	1.345	2.186	48	1.391	2.075
19	1.263	2.423	34	1.349	2.176	49	1.393	2.070
20	1.271	2.396	35	1.352	2.167	50	1.396	2.065
21	1.279	2.371	36	1.356	2.158	60	1.415	2.022
22	1.286	2.349	37	1.360	2.149	70	1.431	1.990
23	1.293	2.328	38	1.363	2.141	80	1.444	1.964
24	1.300	2.309	39	1.366	2.133	90	1.454	1.944
25	1.306	2.292	40	1.369	2.125	100	1.463	1.927
26	1.311	2.275	41	1.372	2.118	110	1.471	1.912
27	1.317	2.260	42	1.375	2.111	120	1.478	1.899
28	1.322	2.246	43	1.378	2.105	—	—	—
29	1.327	2.232	44	1.381	2.098	—	—	—

【例题 9-1】　某批梁经现场确定采用钻芯法检测,其检测数量为 15 个,经过室内抗压强度试验,芯样强度分别为 52.8MPa、52.7MPa、55.3MPa、57.8MPa、51.4MPa、46.8MPa、52.7MPa、59.2MPa、53.4MPa、55.6MPa、54.5MPa、49.2MPa、51.4MPa、52.3MPa、48.2MPa,试计算本批梁混凝土强度推定值。

解:按式(9-11)和式(9-12)计算平均值和标准差。

$$f_{cu,cor,m} = 52.9\text{MPa}$$
$$S_{cor} = 3.35$$

按表 9-5 查得 k_1、k_2 值分别为 1.222、2.566;按式(9-10a)、式(9-10b)得出推定区间的上限值和下限值如下:

$$f_{cu,e,1} = 52.9 - 1.222 \times 3.35 = 48.8\text{MPa}$$
$$f_{cu,e,2} = 52.9 - 2.566 \times 3.35 = 44.3\text{MPa}$$

判别 $f_{cu,e,1} - f_{cu,e,2} = 4.5\text{MPa}$,符合不大于 5.0MPa 和 $0.10f_{cu,cor,m}$ 两者中较大值的要求,则本批混凝土强度推定值 $f_{cu,e,1}$ 即为 48.8MPa。

【问一问】　单个构件混凝土强度也是如成批构件一样推定构件混凝土强度吗?

②单个构件混凝土强度推定。

单个构件按式(9-9)计算出每个芯样的混凝土抗压强度,按《钻芯法检测混凝土强度技术规程》(CECS 03:2007)要求,单个构件的混凝土强度推定值不再进行数据的舍弃,而应按有效芯样试件混凝土抗压强度值中的最小值确定。

三、试验检测结果

某公路王庄小桥 3-2 号立柱浇筑时采用泵送混凝土,设计混凝土强度等级为 C30,自然养护,龄期为30d,经回弹法检测强度推定值为29.2MPa,达不到设计要求,现决定按《钻芯法检测混凝土强度技术规程》(CECS 03:2007)采用钻芯法检测该立柱抗压强度。

王庄小桥3-2号立柱侧面按上、中、下三个位置取出芯样,经室内抗压强度试验,其结果见表9-6。经检测各芯样强度结果分别为35.6MPa、32.4MPa、34.3MPa,按单个构件强度推定为32.4MPa,判定该立柱强度合格。

水泥混凝土芯样抗压强度试验记录表　　　　　　　　表9-6

工程名称:王庄小桥　　　　　　　　　　　　　　　合同号:＿＿＿＿＿

试样编号	试件编号	试件直径（mm）			试件高度（mm）					破坏荷载 F（kN）	高径比	抗压强度测值 f_{cu}（MPa）	抗压强度测定值 f'_{cu}（MPa）	备注
		d_1	d_2	d	h_1	h_2	h_3	h_4	h					
3-2	1	99.4	99.2	99.5	99.3	95.0	96.0	95.8	96	278.0	0.97	35.8		
	2	99.3	99.4	99.5	100.0	99.2	100.1	99.5	100	253.0	1.01	32.5	32.5	
	3	99.2	99.5	99.5	100.1	100.1	99.8	99.4	100	268.0	1.01	34.5		

结论:该立柱经取芯检测,测得抗压强度为32.5MPa

四、注意事项

采用钻芯法检测混凝土强度时,除本单元中提到的应注意问题以外,还应注意以下问题:

(1)对混凝土强度等级低于C10的结构,不宜采用钻芯法检测。

(2)将芯样取出并稍晾干后,应标上芯样的编号,并应记录取芯构件名称、取芯位置、芯样长度及外观质量等,必要时应拍摄照片。如发现不符合制作芯样试件的条件,应另行钻取。

(3)芯样在搬运之前应采用草袋、废水泥袋等材料仔细包装,以免碰坏。

(4)芯样有裂缝或有其他较大缺陷时不得用作抗压强度试验。

(5)硫黄胶泥(或硫黄)补平法一般适用于自然干燥状态下抗压试验的芯样试件补平,水泥砂浆(或水泥净浆)补平法一般适用于潮湿状态下抗压试验的芯样试件补平。

(6)补平层应与芯样结合牢固,以使受压时补平层与芯样的结合不被提前破坏。

🔑 模块小结

(1)混凝土的测强技术按其对混凝土结构的影响程度分为无损检测法和部分破损法。

(2)无损检测法以混凝土强度与某些物理量之间的相关性为基础,检测时在不影响结构或构件混凝土任何性能的前提下测试这些物理量,然后根据相关关系推算被测混凝土的强度推定值。其主要方法有:回弹法、超声法、超声回弹综合法、射线法、成熟度法等。此类方法所用仪器简单、操作方便、费用低廉,同时便于大范围检测,在有严格的测强曲线的条件下,其测试精度较高。

（3）当对混凝土试件的代表性有怀疑或需要确定混凝土工程的强度时,必须直接在混凝土结构物上运用无损检测法测试混凝土的实际强度。

（4）回弹法是用一弹簧驱动的重锤,通过弹击杆弹击混凝土表面,并测出重锤被反弹回来的距离,以回弹值作为与强度相关的指标来推定混凝土强度的一种方法。由于测量是在混凝土表面进行,所以属于表面硬度法的一种。

（5）回弹法检测的步骤见单元9.2。

（6）钻芯法检测是一种部分破损的现场检测方法,在对构件检测混凝土强度时,尽量避免采用该检测方法,只有在构件强度受到怀疑时才采用该方法确定构件混凝土强度。

（7）钻芯法检测的步骤见单元9.3。

（8）单个构件是按有效芯样抗压强度中的最小值确定,而成批构件是按有效芯样抗压强度值经过评定得到该批构件的强度值。

自我检测

1. 回弹法测试混凝土抗压强度的主要测试仪器有哪些？

2. 回弹仪有哪些情况之一时应送鉴定单位鉴定？

3. 回弹法测试混凝土的抗压强度,每个构件的测区应满足哪些要求？

4. 简述回弹法测试混凝土抗压强度的基本原理和检测原则。

5. 采用回弹法对混凝土矩形墩进行强度检测,其中某一测区（$\alpha = 0$）回弹值分别为37、35、33、37、38、35、36、35、34、36、35、37、36、35、34、36,碳化深度为0.5mm,求该测区混凝土强度。

6. 采用钻孔法检测水泥混凝土强度时,取芯和加工应注意哪些问题？

7. 某批立柱经现场确定采用钻芯法检测,其检测数量为20个,经过室内抗压强度试验,芯样强度分别为32.7MPa、35.3MPa、37.8MPa、36.8MPa、39.2MPa、33.4MPa、34.5MPa、29.2MPa、31.4MPa、32.3MPa、33.2MPa、34.6MPa、35.3MPa、31.7MPa、29.8MPa、36.5MPa、31.2MPa、33.3MPa、34.1MPa、30.4MPa,试计算该批立柱混凝土强度推定值。

附录 1

测区混凝土强度换算表

平均回弹值 R_m	测区混凝土强度换算值 $f^c_{cu,i}$ (MPa)												
	平均碳化深度值 d_m (mm)												
	0	0.5	1.0	1.5	2.0	2.5	3.0	3.5	4.0	4.5	5.0	5.5	≤6.0
20.0	10.3	10.1	—	—	—	—	—	—	—	—	—	—	—
20.2	10.5	10.3	10.0	—	—	—	—	—	—	—	—	—	—
20.4	10.7	10.5	10.2	—	—	—	—	—	—	—	—	—	—
20.6	11.0	10.8	10.4	10.1	—	—	—	—	—	—	—	—	—
20.8	11.2	11.0	10.6	10.3	—	—	—	—	—	—	—	—	—
21.0	11.4	11.2	10.8	10.5	10.0	—	—	—	—	—	—	—	—
21.2	11.6	11.4	11.0	10.7	10.2	—	—	—	—	—	—	—	—
21.4	11.8	11.6	11.2	10.9	10.4	10.0	—	—	—	—	—	—	—
21.6	12.0	11.8	11.4	11.0	10.6	10.2	—	—	—	—	—	—	—
21.8	12.3	12.1	11.7	11.3	10.8	10.5	10.1	—	—	—	—	—	—
22.0	12.5	12.2	11.9	11.5	11.0	10.6	10.2	—	—	—	—	—	—
22.2	12.7	12.4	12.1	11.7	11.2	10.8	10.4	10.0	—	—	—	—	—
22.4	13.0	12.7	12.4	12.0	11.4	11.0	10.7	10.3	10.0	—	—	—	—
22.6	13.2	12.9	12.5	12.1	11.6	11.2	10.8	10.4	10.2	—	—	—	—
22.8	13.4	13.1	12.7	12.3	11.8	11.4	11.0	10.6	10.3	—	—	—	—
23.0	13.7	13.4	13.0	12.6	12.1	11.6	11.2	10.8	10.5	10.1	—	—	—
23.2	13.9	13.6	13.2	12.8	12.2	11.8	11.4	11.0	10.7	10.3	10.0	—	—
23.4	14.1	13.8	13.4	13.0	12.4	12.0	11.6	11.2	10.9	10.4	10.2	—	—
23.6	14.4	14.1	13.7	13.2	12.7	12.2	11.8	11.4	11.1	10.7	10.4	10.1	—
23.8	14.6	14.3	13.9	13.4	12.8	12.4	12.0	11.5	11.2	10.8	10.5	10.2	—
24.0	14.9	14.6	14.2	13.7	13.1	12.7	12.2	11.8	11.5	11.0	10.7	10.4	10.1

| 平均回弹值 R_m | 测区混凝土强度换算值 $f^c_{cu,i}$ (MPa) | | | | | | | | | | | | |
| | 平均碳化深度值 d_m (mm) | | | | | | | | | | | | |
	0	0.5	1.0	1.5	2.0	2.5	3.0	3.5	4.0	4.5	5.0	5.5	≤6.0
24.2	15.1	14.8	14.3	13.9	13.3	12.8	12.4	11.9	11.6	11.2	10.9	10.6	10.3
24.4	15.4	15.1	14.6	14.2	13.6	13.1	12.6	12.2	11.9	11.4	11.1	10.8	10.4
24.6	15.6	15.3	14.8	14.4	13.7	13.3	12.8	12.3	12.0	11.5	11.2	10.9	10.6
24.8	15.9	15.6	15.1	14.6	14.0	13.5	13.0	12.6	12.2	11.8	11.4	11.1	10.7
25.0	16.2	15.9	15.4	14.9	14.3	13.8	13.3	12.8	12.5	12.0	11.7	11.3	10.9
25.2	16.4	16.1	15.6	15.1	14.4	13.9	13.4	13.0	12.6	12.1	11.8	11.5	11.0
25.4	16.7	16.4	15.9	15.4	14.7	14.2	13.7	13.2	12.9	12.4	12.0	11.7	11.2
25.6	16.9	16.6	16.1	15.7	14.9	14.4	13.9	13.4	13.0	12.5	12.2	11.8	11.3
25.8	17.2	16.9	16.3	15.8	15.1	14.6	14.1	13.6	13.2	12.7	12.4	12.0	11.5
26.0	17.5	17.2	16.6	16.1	15.4	14.9	14.4	13.8	13.5	13.0	12.6	12.2	11.6
26.2	17.8	17.4	16.9	16.4	15.7	15.1	14.6	14.0	13.7	13.2	12.8	12.4	11.8
26.4	18.0	17.6	17.1	16.6	15.8	15.3	14.8	14.2	13.9	13.3	13.0	12.6	12.0
26.6	18.3	17.9	17.4	16.8	16.1	15.6	15.0	14.4	14.1	13.5	13.2	12.8	12.1
26.8	18.6	18.2	17.7	17.1	16.4	15.8	15.3	14.6	14.3	13.8	13.4	12.9	12.3
27.0	18.9	18.5	18.0	17.4	16.6	16.1	15.5	14.8	14.6	14.0	13.6	13.1	12.4
27.2	19.1	18.7	18.1	17.6	16.8	16.2	15.7	15.0	14.7	14.1	13.8	13.3	12.6
27.4	19.4	19.0	18.4	17.8	17.0	16.4	15.9	15.2	14.9	14.3	14.0	13.4	12.7
27.6	19.7	19.3	18.7	18.0	17.2	16.6	16.1	15.4	15.1	14.5	14.1	13.6	12.9
27.8	20.0	19.6	19.0	18.2	17.4	16.8	16.3	15.6	15.3	14.7	14.2	13.7	13.0
28.0	20.3	19.7	19.2	18.4	17.6	17.0	16.5	15.8	15.4	14.8	14.4	13.9	13.2
28.2	20.6	20.0	19.5	18.6	17.8	17.2	16.7	16.0	15.6	15.0	14.6	14.0	13.3
28.4	20.9	20.3	19.7	18.8	18.0	17.4	16.9	16.2	15.8	15.2	14.8	14.2	13.5
28.6	21.2	20.6	20.0	19.1	18.2	17.6	17.1	16.4	16.0	15.4	15.0	14.3	13.6
28.8	21.5	20.9	20.2	19.4	18.5	17.8	17.3	16.6	16.2	15.6	15.2	14.5	13.8
29.0	21.8	21.1	20.5	19.6	18.7	18.1	17.5	16.8	16.4	15.8	15.4	14.6	13.9
29.2	22.1	21.4	20.8	19.9	19.0	18.3	17.7	17.0	16.6	16.0	15.6	14.8	14.1

续上表

平均回弹值 R_m	测区混凝土强度换算值 $f^c_{cu,i}$（MPa）												
	平均碳化深度值 d_m（mm）												
	0	0.5	1.0	1.5	2.0	2.5	3.0	3.5	4.0	4.5	5.0	5.5	≤6.0
29.4	22.4	21.7	21.1	20.2	19.3	18.6	17.9	17.2	16.8	16.2	15.8	15.0	14.2
29.6	22.7	22.0	21.3	20.4	19.5	18.8	18.2	17.5	17.0	16.4	16.0	15.1	14.4
29.8	23.0	22.3	21.6	20.7	19.8	19.1	18.4	17.7	17.2	16.6	16.2	15.3	14.5
30.0	23.3	22.6	21.9	21.0	20.0	19.3	18.6	17.9	17.4	16.8	16.4	15.4	14.7
30.2	23.6	22.9	22.2	21.2	20.3	19.6	18.9	18.2	17.6	17.0	16.6	15.6	14.9
30.4	23.9	23.2	22.5	21.5	20.6	19.8	19.1	18.4	17.8	17.2	16.8	15.8	15.1
30.6	24.3	23.6	22.8	21.9	20.9	20.2	19.4	18.7	18.0	17.5	17.0	16.0	15.2
30.8	24.6	23.9	23.1	22.1	21.2	20.4	19.7	18.9	18.2	17.7	17.2	16.2	15.4
31.0	24.9	24.2	23.4	22.4	21.4	20.7	19.9	19.2	18.4	17.9	17.4	16.4	15.5
31.2	25.2	24.4	23.7	22.4	21.7	20.9	20.2	19.4	18.6	18.1	17.6	16.6	15.7
31.4	25.6	24.8	24.1	23.0	22.0	21.2	20.5	19.7	18.9	18.4	17.8	16.9	15.8
31.6	25.9	25.1	24.3	23.3	22.3	21.5	20.7	19.9	19.2	18.6	18.0	17.1	16.0
31.8	26.2	25.4	24.6	23.6	22.5	21.7	21.0	20.2	19.4	18.9	18.2	17.3	16.2
32.0	26.5	25.7	24.9	23.9	22.8	22.0	21.2	20.4	19.6	19.1	18.4	17.5	16.4
32.2	26.9	26.1	25.3	24.2	23.1	22.3	21.5	20.7	19.9	19.4	18.6	17.7	16.6
32.4	27.2	26.4	25.6	24.5	23.4	22.6	21.8	20.9	20.1	19.6	18.8	17.9	16.8
32.6	27.6	26.8	25.9	24.8	23.7	22.9	22.1	21.3	20.4	19.9	19.0	18.1	17.0
32.8	27.9	27.1	26.2	25.1	24.0	23.2	22.3	21.5	20.6	20.1	19.2	18.3	17.2
33.0	28.2	27.4	26.5	25.4	24.3	23.4	22.6	21.7	20.9	20.3	19.4	18.5	17.4
33.2	28.6	27.7	26.8	25.7	24.6	23.7	22.9	22.0	21.2	20.5	19.6	18.7	17.6
33.4	28.9	28.0	27.1	26.0	24.9	24.0	23.1	22.3	21.4	20.7	19.8	18.9	17.8
33.6	29.3	28.4	27.4	26.4	25.2	24.2	23.3	22.6	21.7	20.9	20.0	19.1	18.0
33.8	29.6	28.7	27.7	26.6	25.4	24.4	23.5	22.8	21.9	21.1	20.2	19.3	18.2
34.0	30.0	29.1	28.0	26.8	25.6	24.6	23.7	23.0	22.1	21.3	20.4	19.5	18.3
34.2	30.3	29.4	28.3	27.0	25.8	24.8	23.9	23.2	22.3	21.5	20.6	19.7	18.4
34.4	30.7	29.8	28.6	27.2	26.0	25.0	24.1	23.4	22.5	21.7	20.8	19.8	18.6

续上表

平均回弹值 R_m	测区混凝土强度换算值 $f^c_{cu,i}$（MPa）												
	平均碳化深度值 d_m（mm）												
	0	0.5	1.0	1.5	2.0	2.5	3.0	3.5	4.0	4.5	5.0	5.5	≤6.0
34.6	31.1	30.2	28.9	27.4	26.2	25.2	24.3	23.6	22.7	21.9	21.0	20.0	18.8
34.8	31.4	30.5	28.2	27.6	26.4	25.4	24.5	23.8	22.9	22.1	21.2	20.2	19.0
35.0	31.8	30.8	29.6	28.0	26.7	25.8	24.8	24.0	23.2	22.3	21.4	20.4	19.2
35.2	32.1	31.1	29.9	28.2	27.0	26.0	25.0	24.2	23.4	22.5	21.6	20.6	19.4
35.4	32.5	31.5	30.2	28.6	27.3	26.3	25.4	24.4	23.7	22.8	21.8	20.8	19.6
35.6	32.9	31.9	30.6	29.0	27.6	26.6	25.7	24.7	24.0	23.0	22.0	21.0	19.8
35.8	33.3	32.3	31.0	29.3	28.0	27.0	26.0	25.0	24.3	23.3	22.2	21.2	20.0
36.0	33.6	32.6	31.2	29.6	28.2	27.2	26.2	25.2	24.5	23.5	22.4	21.4	20.2
36.2	24.0	33.0	31.6	29.9	28.6	27.5	26.5	25.5	24.8	23.8	22.6	21.6	20.4
36.4	34.4	33.4	32.0	30.3	28.9	27.9	26.8	25.8	25.1	24.1	22.8	21.8	20.6
36.6	34.8	33.8	32.4	30.6	29.2	28.2	27.1	26.1	25.4	24.4	23.0	22.0	20.9
36.8	35.2	34.1	32.7	31.0	29.6	28.5	27.5	26.4	25.7	24.6	23.2	22.2	21.1
37.0	35.5	34.4	33.0	31.2	29.8	28.8	27.7	26.6	25.9	24.8	23.4	22.4	21.3
37.2	35.9	34.8	33.4	31.6	30.2	29.1	28.0	26.9	26.2	25.1	23.7	22.6	21.5
37.4	36.3	35.2	33.8	31.9	30.5	29.4	28.3	27.2	26.5	25.4	24.0	22.9	21.8
37.6	36.7	35.6	34.1	32.3	30.8	29.7	28.6	27.5	26.8	25.7	24.2	23.1	22.0
37.8	37.1	36.0	34.5	32.6	31.2	30.0	28.9	27.8	27.1	26.0	24.5	23.4	22.3
38.0	37.5	36.4	34.9	33.0	31.5	30.3	29.2	28.1	27.4	26.2	24.8	23.6	22.5
38.2	37.9	36.8	35.2	33.4	31.8	30.6	29.5	28.4	27.7	26.4	25.0	23.9	22.7
38.4	38.3	37.2	35.6	33.7	32.1	30.9	29.8	28.7	28.0	26.8	25.3	24.1	23.0
38.6	38.7	37.5	36.0	34.1	32.4	31.2	30.1	29.0	28.3	27.0	25.5	24.4	23.2
38.8	39.1	37.9	36.4	34.4	31.7	31.5	30.4	29.3	28.5	27.2	25.8	24.6	23.5
39.0	39.5	38.2	36.7	35.7	33.0	31.8	30.6	29.6	28.8	27.4	26.0	24.8	23.7
39.2	39.9	38.5	37.0	35.0	33.3	32.1	30.8	29.8	29.0	27.6	26.2	25.0	24.0
39.4	40.3	38.8	37.3	35.3	33.6	32.4	31.0	30.0	29.2	27.8	26.4	25.2	24.2
39.6	40.7	39.1	37.6	35.6	33.9	32.7	31.2	30.2	29.4	28.0	26.6	25.4	24.4
39.8	41.2	39.6	38.0	35.9	34.2	33.0	31.4	30.5	29.7	28.2	26.8	25.6	24.7

续上表

| 平均回弹值 R_m | 测区混凝土强度换算值 $f^c_{cu,i}$（MPa） | | | | | | | | | | | | |
| | 平均碳化深度值 d_m（mm） | | | | | | | | | | | | |
	0	0.5	1.0	1.5	2.0	2.5	3.0	3.5	4.0	4.5	5.0	5.5	≤6.0
40.0	41.6	39.9	38.3	36.2	34.5	33.3	31.7	30.8	30.0	28.4	27.0	25.8	25.0
40.2	42.0	40.3	38.6	36.5	34.8	33.6	32.0	31.1	30.2	28.6	27.3	26.0	25.2
40.4	42.4	40.7	39.0	36.9	35.1	33.9	32.3	31.4	30.5	28.8	27.6	26.2	25.4
40.6	42.8	41.1	39.4	37.2	35.4	34.2	32.6	31.7	30.8	29.1	27.8	26.5	25.7
40.8	43.3	41.6	39.8	37.7	35.7	34.5	32.9	32.0	31.2	29.4	28.1	26.8	26.0
41.0	43.7	42.0	40.2	38.0	36.0	34.8	33.2	32.3	31.5	29.7	28.4	27.1	26.2
41.2	44.1	42.3	40.6	38.4	36.3	35.1	33.5	32.6	31.8	30.0	28.7	27.3	26.5
41.4	44.5	42.7	40.9	38.7	36.6	35.4	33.8	32.9	32.0	30.3	28.9	27.6	26.7
41.6	45.0	43.2	41.4	39.2	36.9	35.7	34.2	33.3	32.4	30.6	29.2	27.9	27.0
41.8	45.4	43.6	41.8	39.5	37.2	36.0	34.5	33.6	32.7	30.9	29.5	28.1	27.2
42.0	45.9	44.1	42.2	39.9	37.6	36.3	34.9	34.0	33.0	31.2	29.8	28.5	27.5
42.2	46.3	44.4	42.6	40.3	38.0	36.6	35.2	34.3	33.3	31.5	30.1	28.7	27.8
42.4	46.7	44.8	43.0	40.6	38.3	36.9	35.5	34.6	33.6	31.8	30.4	29.0	28.0
42.6	47.2	45.3	43.4	41.1	38.7	37.3	35.9	34.9	34.0	32.1	30.7	29.3	28.3
42.8	47.6	45.7	43.8	41.4	39.0	37.6	36.2	35.2	34.3	32.4	30.9	29.5	28.6
43.0	48.1	46.2	44.2	41.8	39.4	38.0	36.6	35.6	34.6	32.7	31.3	29.8	28.9
43.2	48.5	46.6	44.6	42.2	39.8	39.3	36.9	35.9	34.9	33.0	31.5	30.1	29.1
43.4	49.0	47.0	45.1	42.6	40.2	38.7	37.2	36.3	35.3	33.3	31.8	30.4	29.4
43.6	49.4	47.4	45.4	43.0	40.5	39.0	37.5	36.6	35.6	33.6	32.1	30.6	29.6
43.8	49.9	47.9	45.9	43.4	40.9	39.4	37.9	36.9	35.9	33.9	32.4	30.9	29.9
44.0	50.4	48.4	46.4	43.8	41.3	39.8	38.3	37.3	36.3	34.3	32.8	31.2	30.2
44.2	50.8	48.8	46.7	44.2	41.7	40.1	38.6	37.6	36.6	34.5	33.0	31.5	30.5
44.4	51.3	49.2	47.2	44.6	42.1	40.5	39.0	38.0	36.9	34.9	33.3	31.8	30.8
44.6	51.7	49.6	47.6	45.0	42.4	40.8	39.3	38.3	37.2	35.2	33.6	32.1	31.0
44.8	52.2	50.1	48.0	45.4	42.8	41.2	39.7	38.6	37.6	35.5	33.9	32.4	31.3
45.0	52.7	50.6	48.5	45.8	43.2	41.6	40.1	39.0	37.9	35.8	34.3	32.7	31.6
45.2	53.2	51.1	48.9	46.3	43.6	42.0	40.4	39.4	38.3	36.2	34.6	33.0	31.9

续上表

平均回弹值 R_m	测区混凝土强度换算值 $f^c_{cu,i}$ (MPa)												
	平均碳化深度值 d_m (mm)												
	0	0.5	1.0	1.5	2.0	2.5	3.0	3.5	4.0	4.5	5.0	5.5	≤6.0
45.4	53.6	51.5	49.4	46.6	44.0	42.3	40.7	39.7	38.6	36.4	34.8	33.2	32.2
45.6	54.1	51.9	49.8	47.1	44.4	42.7	41.1	40.0	39.0	36.8	35.2	33.5	32.5
45.8	54.6	52.4	50.2	47.5	44.8	43.1	41.5	40.4	39.3	37.1	35.5	33.9	32.8
46.0	55.0	52.8	50.6	47.9	45.2	43.5	41.9	40.8	39.7	37.5	35.8	34.2	33.1
46.2	55.5	53.3	51.1	48.3	45.5	43.8	42.2	41.1	40.0	37.7	36.1	34.4	33.3
46.4	56.0	53.8	51.5	48.7	45.9	44.2	42.6	41.4	40.3	38.1	36.4	34.7	33.6
46.6	56.5	54.2	52.0	49.2	46.3	44.6	42.9	41.8	40.7	38.4	36.7	35.0	33.9
46.8	57.0	54.7	52.4	49.6	46.7	45.0	43.3	42.2	41.0	38.8	37.0	35.3	34.2
47.0	57.5	55.2	52.9	50.0	47.2	45.2	43.7	42.6	41.4	39.1	37.4	35.6	34.5
47.2	58.0	55.7	53.4	50.5	47.6	45.8	44.1	42.9	41.8	39.4	37.7	36.0	34.8
47.4	58.5	56.2	53.8	50.9	48.0	46.2	44.5	43.3	42.1	39.8	38.0	36.3	35.1
47.6	59.0	56.6	54.3	51.3	48.4	46.6	44.8	43.7	42.5	40.1	38.4	36.6	35.4
47.8	59.5	57.1	54.7	51.8	48.8	47.0	45.2	44.0	42.8	40.5	38.7	36.9	35.7
48.0	60.0	57.6	55.2	52.2	49.2	47.4	45.6	44.4	43.2	40.8	39.0	37.2	36.0
48.2	—	58.0	55.7	52.6	49.6	47.8	46.0	44.8	43.6	41.1	39.3	37.5	36.3
48.4	—	58.6	56.1	53.1	50.0	48.2	46.4	45.1	43.9	41.5	39.6	37.8	36.6
48.6	—	59.0	56.6	53.5	50.4	48.6	46.7	45.5	44.3	41.8	40.0	38.1	36.9
48.8	—	59.5	57.1	54.0	50.9	49.0	47.1	45.9	44.6	42.2	40.3	38.4	37.2
49.0	—	60.0	57.5	54.4	51.3	49.4	47.5	46.2	45.0	42.5	42.5	40.6	38.8
49.2	—	—	58.0	54.8	51.7	49.8	47.9	46.6	45.4	42.8	41.0	39.1	37.8
49.4	—	—	58.5	55.3	52.1	50.2	48.3	47.1	45.8	43.2	41.3	39.4	38.2
49.6	—	—	58.9	55.7	52.5	50.6	48.7	47.4	46.2	43.6	41.7	30.7	38.5
49.8	—	—	59.4	56.2	53.0	51.0	49.1	47.8	46.5	43.9	52.0	40.1	38.8
50.0	—	—	59.9	56.7	53.4	51.4	49.5	48.2	46.9	44.3	42.3	40.4	39.1
50.2	—	—	—	57.1	53.8	51.9	49.9	48.5	47.2	44.6	42.6	40.7	39.4
50.4	—	—	—	57.6	54.3	52.3	50.3	49.0	47.7	45.0	43.0	41.0	39.7
50.6	—	—	—	58.0	54.7	52.7	50.7	49.4	48.0	45.4	43.4	41.4	40.0

续上表

平均回弹值 R_m	测区混凝土强度换算值 $f^c_{cu,i}$ (MPa)												
	平均碳化深度值 d_m (mm)												
	0	0.5	1.0	1.5	2.0	2.5	3.0	3.5	4.0	4.5	5.0	5.5	≤6.0
50.8	—	—	—	58.5	55.1	53.1	51.1	49.8	48.4	45.7	43.7	41.7	40.3
51.0	—	—	—	59.0	55.6	53.5	51.5	50.1	48.8	46.1	44.1	42.0	40.7
51.2	—	—	—	59.4	56.0	54.0	51.9	50.5	49.2	46.4	44.4	42.3	41.0
51.4	—	—	—	59.9	56.4	54.4	52.3	50.9	49.6	46.8	44.7	42.7	41.3
51.6	—	—	—	—	56.9	54.8	52.7	51.3	50.0	47.2	45.1	43.0	41.6
51.8	—	—	—	—	57.3	55.2	53.1	51.7	50.3	47.5	45.4	43.3	41.8
52.0	—	—	—	—	57.8	55.7	53.6	52.1	50.7	47.9	45.8	43.7	42.3
52.2	—	—	—	—	58.2	56.1	54.0	52.5	51.1	48.3	46.2	44.0	42.6
52.4	—	—	—	—	58.7	56.5	54.4	53.0	51.5	48.7	46.5	44.4	43.0
52.6	—	—	—	—	59.1	57.0	54.8	53.4	51.9	49.0	46.9	44.7	43.3
52.8	—	—	—	—	59.6	57.4	55.2	53.8	52.3	49.4	47.3	45.1	43.6
53.0	—	—	—	—	60.0	57.8	55.6	54.2	52.7	49.8	47.6	45.4	43.9
53.2	—	—	—	—	—	58.3	56.1	54.6	53.1	50.2	48.0	45.8	44.3
53.4	—	—	—	—	—	58.7	56.5	55.0	53.5	50.5	48.3	46.1	44.6
53.6	—	—	—	—	—	59.2	56.9	55.4	53.9	50.9	48.7	46.4	44.9
53.8	—	—	—	—	—	59.6	57.3	55.8	54.3	51.3	49.0	46.8	45.3
54.0	—	—	—	—	—	—	57.8	56.3	54.7	51.7	49.4	47.1	45.6
54.2	—	—	—	—	—	—	58.2	56.7	55.1	52.1	49.8	47.5	46.0
54.4	—	—	—	—	—	—	58.6	57.1	55.6	52.5	50.2	47.9	45.3
54.6	—	—	—	—	—	—	59.1	57.5	56.0	52.9	50.5	48.2	46.6
54.8	—	—	—	—	—	—	59.5	57.9	56.4	53.2	50.9	48.5	47.0
55.0	—	—	—	—	—	—	59.9	58.4	56.8	53.6	51.3	48.9	48.3
55.2	—	—	—	—	—	—	—	58.8	57.2	54.0	51.6	49.3	47.7
55.4	—	—	—	—	—	—	—	59.2	57.6	54.4	52.0	49.6	48.0
55.6	—	—	—	—	—	—	—	59.7	58.0	54.8	52.4	50.0	48.4
55.8	—	—	—	—	—	—	—	—	58.5	55.2	52.8	50.3	48.7

续上表

平均回弹值 R_m	测区混凝土强度换算值 $f^c_{cu,i}$ (MPa)												
	平均碳化深度值 d_m (mm)												
	0	0.5	1.0	1.5	2.0	2.5	3.0	3.5	4.0	4.5	5.0	5.5	≤6.0
56.0	—	—	—	—	—	—	—	—	58.9	55.6	53.2	50.7	49.1
56.2	—	—	—	—	—	—	—	—	59.3	56.0	53.5	51.1	49.4
56.4	—	—	—	—	—	—	—	—	59.7	56.4	53.9	51.4	49.8
56.6	—	—	—	—	—	—	—	—	—	56.8	54.3	51.8	50.1
56.8	—	—	—	—	—	—	—	—	—	57.2	54.7	52.2	50.5
57.0	—	—	—	—	—	—	—	—	—	57.6	55.1	52.5	50.8
57.2	—	—	—	—	—	—	—	—	—	58.0	55.5	52.9	51.2
57.4	—	—	—	—	—	—	—	—	—	58.4	55.9	53.3	51.6
57.6	—	—	—	—	—	—	—	—	—	58.9	56.3	53.7	51.9
57.8	—	—	—	—	—	—	—	—	—	59.3	56.7	54.0	52.3
58.0	—	—	—	—	—	—	—	—	—	59.7	57.0	54.4	52.7
58.2	—	—	—	—	—	—	—	—	—	—	57.4	54.8	53.0
58.4	—	—	—	—	—	—	—	—	—	—	57.8	55.2	53.4
58.6	—	—	—	—	—	—	—	—	—	—	58.2	55.6	53.8
58.8	—	—	—	—	—	—	—	—	—	—	58.6	55.9	54.1
59.0	—	—	—	—	—	—	—	—	—	—	59.0	56.3	54.5
59.2	—	—	—	—	—	—	—	—	—	—	59.4	56.7	54.9
59.4		—	—	—	—	—	—	—	—	—	59.8	57.1	55.2
59.6	—	—	—	—	—	—	—	—	—	—	—	57.5	55.6
59.8	—	—	—	—	—	—	—	—	—	—	—	57.9	56.0
60.0	—	—	—	—	—	—	—	—	—	—	—	58.3	56.4

注:本表系按全国统一曲线制定。

附录2

学习效果评价表

提供两种学习效果评价模式,供教学时参考。

学习效果评价模式 A

1. 学生自评表

姓名：　　　　　　班级：　　　　　　组号：　　　　　　学号：

主要学习记录(预习、笔记、质疑、作业等)				
考核项目	好 (8~10分)	中 (4~7分)	差 (0~3分)	备注
1. 提前获取相关信息的程度				
2. 对工作任务及学习任务的理解程度				
3. 对基本概念、基本知识的理解程度				
4. 对检测方法的认知程度				
5. 熟练使用仪器设备的技能				
6. 操作步骤的熟练程度及正确性				
7. 查阅相关技术规范的能力				
8. 完成试验报告的能力及正确性				
9. 听取学习小组中他人意见的程度				
10. 自己的团队协作精神和沟通表达能力				
小计				
合计				
自我评价(成功之处、不足之处、需要改进之处)				

2. 学习小组评价表

考核项目	好 (8~10分)	中 (4~7分)	差 (0~3分)	备注
1. 提前获取相关信息的程度				
2. 对工作任务及学习任务的理解程度				
3. 对基本概念、基本知识的理解程度				
4. 对检测方法的认知程度				
5. 操作步骤的熟练程度及正确性				
6. 查阅相关技术规范的能力				
7. 完成试验报告的能力及正确性				
8. 完成学习任务的质量				
9. 听取学习小组中他人意见的程度				
10. 团队协作精神和沟通表达能力				
小计				
合计				
总体评价(成功之处、不足之处、需要改进之处)				
组内成员签名:				

3. 教师评价表

考核项目	好 (8~10分)	中 (4~7分)	差 (0~3分)	备注
1. 提前获取相关信息的程度				
2. 对工作任务及学习任务的理解程度				
3. 对基本概念、基本知识的理解程度				
4. 对检测方法的认知程度				
5. 操作步骤的熟练程度及正确性				
6. 查阅相关技术规范的能力				

续上表

考核项目	好 (8～10分)	中 (4～7分)	差 (0～3分)	备注
7.完成试验报告的能力及正确性				
8.完成学习任务的质量				
9.平时学习表现				
10.钻研问题的程度				
小计				
合计				
总体评价(成功之处、不足之处、需要改进之处)				
教师签名:				

注:对于平时学习表现,每旷课1次扣1分,迟到、早退1次各扣0.5分;课堂纪律表现不好,视情节扣0.5～1分;不按时交作业扣1分,不交作业不得分。

学习效果评价模式 B

1.学生自评表

姓名:　　　　　　班级:　　　　　　组号:　　　　　　学号:

主要学习记录(预习、笔记、质疑、作业等)				
考核项目	好 (8～10分)	中 (4～7分)	差 (0～3分)	备注
1.提前获取相关信息的程度				
2.对工作任务及学习任务的理解程度				
3.对基本概念、基本知识的理解程度				
4.对检测流程及操作要点的掌握程度				
5.查阅相关技术规范的能力				
6.对检测环节中存在问题的分析能力				
7.对施工质量的检测与评价能力				
8.完成学习任务的质量				

续上表

考核项目	好 (8~10分)	中 (4~7分)	差 (0~3分)	备注
9.听取学习小组中他人意见的程度				
10.自己的团队协作精神和沟通表达能力				
小计				
合计				
自我评价(成功之处、不足之处、需要改进之处)				

2.学习小组评价表

考核项目	好 (8~10分)	中 (4~7分)	差 (0~3分)	备注
1.提前获取相关信息的程度				
2.对工作任务及学习任务的理解程度				
3.对基本概念、基本知识的理解程度				
4.对检测流程及操作要点的掌握程度				
5.查阅相关技术规范的能力				
6.对质量检测中存在问题的分析能力				
7.对施工质量的检测与评价能力				
8.完成学习任务的质量				
9.听取学习小组中他人意见的程度				
10.团队协作精神和沟通表达能力				
小计				
合计				
总体评价(成功之处、不足之处、需要改进之处)				
组内成员签名:				

3. 教师评价表

考核项目	好 (8~10分)	中 (4~7分)	差 (0~3分)	备注
1.提前获取相关信息的程度				
2.对工作任务及学习任务的理解程度				
3.对基本概念、基本知识的理解程度				
4.对检测流程及操作要点的掌握程度				
5.查阅相关技术规范的能力				
6.对质量检测中存在问题的分析能力				
7.对施工质量的检测与评价能力				
8.完成学习任务的质量				
9.平时学习表现				
10.钻研问题的程度				
小计				
合计				
总体评价(成功之处、不足之处、需要改进之处)				
教师签名:				

注:对于平时学习表现,每旷课1次扣1分,迟到、早退1次各扣0.5分;课堂纪律表现不好,视情节扣0.5~1分;不按时交作业扣1分,不交作业不得分。

参 考 文 献

[1] 中华人民共和国交通运输部.公路土工试验规程:JTG 3430—2020[S].北京:人民交通出版社股份有限公司,2020.

[2] 中华人民共和国交通运输部.公路路基路面现场测试规程:JTG 3450—2019[S].北京:人民交通出版社股份有限公司,2019.

[3] 中华人民共和国交通运输部.公路工程质量检验评定标准　第一册　土建工程:JTG F80/1—2017[S].北京:人民交通出版社股份有限公司,2017.

[4] 中华人民共和国住房和城乡建设部.回弹法检测混凝土抗压强度技术规程:JGJ/T 23—2011[S].北京:中国建筑工业出版社,2011.

[5] 中国建筑科学研究院.钻芯法检测混凝土强度技术规程:CECS 03:2007[S].北京:中国建筑工业出版社,2007.

[6] 中华人民共和国交通运输部.公路水运试验检测数据报告编制导则:JT/T 828—2019[S].北京:人民交通出版社股份有限公司,2019.

[7] 张美珍,周德军.公路工程检测技术[M].北京:人民交通出版社股份有限公司,2019.

[8] 徐培华.路基路面试验检测技术[M].北京:人民交通出版社,2000.

[9] 郭秀芹.公路工程现场测试[M].北京:人民交通出版社,2005.

[10] 周若愚.公路工程现场测试技术[M].北京:人民交通出版社,2001.

[11] 钱进.公路工程测试技术[M].北京:人民交通出版社,2008.

[12] 张斌.实验室质量管理体系建立与运作指南[M].北京:中国标准出版社,2006.

[13] 乔志琴.公路工程试验检测(第二版)[M].北京:人民交通出版社股份有限公司,2018.

[14] 郑桂兰.道路检测技术[M].北京:机械工业出版社,2006.

[15] 张超.路基路面试验检测技术[M].北京:人民交通出版社,2004.